RECETAS DASH 2022

RECETAS FÁCILES Y DELICIOSAS BAJAS EN SODIO

MARTA ROBREDO

Tabla de contenido

Mezcla de pollo y lentejas 12
Pollo y Coliflor 13
Sopa de albahaca, tomate y zanahorias 14
Carne de cerdo con batatas 15
Sopa de Trucha y Zanahorias 16
Guiso de pavo e hinojo 17
Sopa de berenjena 18
Crema de Camote 19
Sopa De Pollo Y Champiñones 20
Sartén de lima y salmón 22
Ensalada de papas 23
Sartén de Carne Molida y Tomate 25
Ensalada De Camarones Y Aguacate 26
Crema de brócoli 27
Sopa de repollo 28
Sopa de apio y coliflor 29
Sopa de cerdo y puerros 30
Ensalada de brócoli y camarones a la menta 31
Sopa De Camarones Y Bacalao 33
Mezcla de camarones y cebollas verdes 34
Guiso de espinacas 35
Mezcla de coliflor al curry 36
Guiso de Zanahorias y Calabacín 37
Guiso de Col y Judías Verdes 38

Sopa De Champiñones Y Chile 39

Carne de cerdo con chile 40

Ensalada De Champiñones Con Pimentón Y Salmón 41

Mezcla de garbanzos y patatas 43

Mezcla de pollo con cardamomo 44

Chile de Lentejas 45

Endivias de Romero 46

Endivias de limón 47

Espárragos al pesto 48

Zanahorias con pimentón 49

Sartén cremosa de patatas 50

Repollo de sésamo 51

Brócoli con cilantro 52

Coles de Bruselas con chile 53

Mezcla de coles de Bruselas y cebollas verdes 54

Puré de coliflor 55

Ensalada de aguacate 56

Ensalada de rábano 57

Ensalada de endivias al limón 58

Mezcla de Aceitunas y Maíz 59

Ensalada de rúcula y piñones 60

Almendras y espinacas 61

Ensalada de Frijoles Verdes y Maíz 62

Ensalada de endivias y col rizada 63

Ensalada Edamame 64

Ensalada de uvas y aguacates 65

Mezcla de berenjena con orégano 66

Mezcla de tomates al horno 67

Setas de tomillo 68

Salteado de Espinacas y Maíz 69

Salteado de Maíz y Cebolletas 70

Ensalada de espinacas y mango 71

Patatas Mostaza 72

Coles de Bruselas de coco 73

Zanahorias de salvia 74

Hongos con ajo y maíz 75

Judías verdes al pesto 76

Tomates al estragón 77

Remolacha de almendras 78

Tomates Menta y Maíz 79

Salsa de Calabacín y Aguacate 80

Mezcla de manzanas y repollo 81

Remolacha asada 82

Repollo al eneldo 83

Ensalada de repollo y zanahoria 84

Salsa de Tomate y Aceitunas 85

Ensalada de calabacín 86

Ensalada De Zanahorias Al Curry 87

Ensalada de lechuga y remolacha 88

Rábanos con hierbas 89

Mezcla de hinojo al horno 90

Morrones asados 91

Salteado de dátiles y repollo 92

Mix de Aceitunas y Endivias 94

Ensalada de tomates y pepino 95

Ensalada De Pimientos Y Zanahoria 96

Mezcla de Frijoles Negros y Arroz 97

Mezcla de arroz y coliflor 98

Mezcla de frijoles balsámicos 99

Remolacha Cremosa 100

Mezcla de aguacate y pimientos morrones 101

Camote y remolacha asados 102

Kale Salteado 103

Zanahorias especiadas 104

Alcachofas al limón 105

Brócoli, Frijoles y Arroz 106

Mezcla de calabaza al horno 107

Espárragos cremosos 108

Mezcla de nabos de albahaca 109

Mezcla de Arroz y Alcaparras 110

Mezcla de espinacas y col rizada 111

Salteado De Mostaza 112

Mezcla de Bok Choy 113

Mezcla de judías verdes y berenjenas 114

Mix de Aceitunas y Alcachofas 115

Dip de pimientos con cúrcuma 116

Crema de lentejas 117

Nueces tostadas 118

Cuadrados de arándano 119

Barritas de coliflor 120

Tazones de Semillas y Almendras 121

Patatas fritas	122
Dip de col rizada	123
Chips de remolacha	124
Dip de calabacín	125
Semillas y mezcla de manzana	126
Crema de calabaza	127
Crema de espinacas	128
Salsa de Aceitunas y Cilantro	129
Dip de cebollino y remolacha	130
Salsa de pepino	131
Dip de garbanzos	132
Dip de aceitunas	133
Dip de cebollas de coco	134
Dip de piñones y coco	135
Salsa de rúcula y pepinos	136
Dip de queso	137
Dip de yogur con pimentón	138
Salsa de coliflor	139
Crema de camarones	140
Salsa de durazno	141
Chips de zanahoria	142
Bocaditos de espárragos	143
Cuencos de higos al horno	144
Salsa de Repollo y Camarones	145
Cuñas de aguacate	146
Dip de limón	147
Dip de camote	148

Salsa De Frijoles 149

Salsa De Frijoles Verdes... 150

Crema de zanahoria 151

Salsa de tomate 152

Tazones de salmón.. 153

Salsa de Tomate y Maíz 154

Champiñones al horno 155

Frijoles para untar 156

Salsa de cilantro e hinojo... 157

Bocaditos de coles de Bruselas 158

Bocaditos de nueces balsámicas... 159

chips de rábano 160

Ensalada De Puerros Y Camarones 161

Dip de puerros 162

Ensalada de pimientos morrones 163

Crema de aguacate 164

Salsa de maiz.. 165

Barras de frijoles 166

Mezcla de semillas de calabaza y chips de manzana 167

Dip de Tomates y Yogur 168

Cuencos de remolacha de cayena.. 169

Tazones de nueces y pacanas 170

Muffins de salmón y perejil 171

Pelotas de Squash 172

Tazones de cebolla con queso y perla.. 173

Barras de brócoli 174

Salsa de Piña y Tomate... 175

Mezcla de pavo y alcachofas	176
Mezcla de pavo con orégano	177
Pollo naranja	178
Pavo al ajo y champiñones	179
Sartén de Pollo y Aceitunas	180
Mezcla de pavo balsámico y melocotón	181
Pollo al coco y espinacas	182
Mezcla de pollo y espárragos	184
Pavo y Brócoli Cremoso	185
Mezcla de judías verdes con pollo y eneldo	186
Calabacín con pollo y chile	187
Mezcla de aguacate y pollo	189
Pavo y Bok Choy	190
Pollo con Mezcla de Cebolla Roja	191
Arroz y Pavo Caliente	192
Pollo y puerro al limón	194
Pavo con mezcla de col de Saboya	195
Pollo con Cebolletas de Pimentón	196
Salsa de Pollo y Mostaza	197
Mezcla de pollo y apio	198
Pavo al Limón con Patatas Baby	199
Pollo con Mostaza	201
Pollo al Horno y Manzanas	202
Pollo al Chipotle	204
Pavo con hierbas	206
Salsa de pollo y jengibre	207
Pollo y Maíz	208

Pavo al curry y quinua 209

Chirivías de pavo y comino 210

Garbanzos de pavo y cilantro 211

Pavo con Frijoles y Aceitunas 213

Quinoa con Pollo y Tomate 214

Alitas De Pollo Con Pimienta De Jamaica 215

Pollo y guisantes 216

Galletas de plátano 217

Avena de manzana 218

Muffins de arándanos 219

Crepes de coco 220

Mezcla de pollo y lentejas

Tiempo de preparación: 10 minutos.
Tiempo de cocción: 25 minutos.
Porciones: 4

Ingredientes:
- 1 taza de tomates enlatados, sin sal agregada, picados
- Pimienta negra al gusto
- 1 cucharada de pasta de chipotle
- 1 libra de pechuga de pollo, sin piel, deshuesada y en cubos
- 2 tazas de lentejas enlatadas, sin sal agregada, escurridas y enjuagadas
- ½ cucharada de aceite de oliva
- 1 cebolla amarilla picada
- 2 cucharadas de cilantro picado

Direcciones:
1. Calienta una sartén con el aceite a fuego medio, agrega la cebolla y la pasta de chipotle, revuelve y sofríe por 5 minutos.
2. Agregue el pollo, revuelva y dore durante 5 minutos.
3. Agrega el resto de los ingredientes, revuelve, cocina todo por 15 minutos, divide en tazones y sirve.

Nutrición: calorías 369, grasa 17.6, fibra 9, carbohidratos 44.8, proteína 23.5

Pollo y Coliflor

Tiempo de preparación: 5 minutos.
Tiempo de cocción: 25 minutos.
Porciones: 4

Ingredientes:
- 1 libra de pechuga de pollo, sin piel, deshuesada y en cubos
- 2 tazas de floretes de coliflor
- 1 cucharada de aceite de oliva
- 1 cebolla morada picada
- 1 cucharada de vinagre balsámico
- ½ taza de pimiento rojo picado
- Una pizca de pimienta negra
- 2 dientes de ajo picados
- ½ taza de caldo de pollo bajo en sodio
- 1 taza de tomates enlatados, sin sal agregada, picados

Direcciones:
1. Calentar una sartén con el aceite a fuego medio-alto, agregar la cebolla, el ajo y la carne y dorar por 5 minutos.
2. Agrega el resto de los ingredientes, revuelve y cocina a fuego medio por 20 minutos.
3. Divida todo en tazones y sirva para el almuerzo.

Nutrición: calorías 366, grasa 12, fibra 5.6, carbohidratos 44.3, proteína 23.7

Sopa de albahaca, tomate y zanahorias

Tiempo de preparación: 10 minutos.
Tiempo de cocción: 20 minutos.
Porciones: 4

Ingredientes:
- 3 dientes de ajo picados
- 1 cebolla amarilla picada
- 3 zanahorias picadas
- 1 cucharada de aceite de oliva
- 20 onzas de tomates asados, sin sal agregada
- 2 tazas de caldo de verduras bajo en sodio
- 1 cucharada de albahaca seca
- 1 taza de crema de coco
- Una pizca de pimienta negra

Direcciones:
1. Calienta una olla con el aceite a fuego medio, agrega la cebolla y el ajo y sofríe por 5 minutos.
2. Agrega el resto de los ingredientes, revuelve, lleva a fuego lento, cocina por 15 minutos, licúa la sopa con una licuadora de inmersión, divide en tazones y sirve para el almuerzo.

Nutrición: calorías 244, grasa 17.8, fibra 4.7, carbohidratos 18.6, proteína 3.8

Carne de cerdo con batatas

Tiempo de preparación: 10 minutos.
Tiempo de cocción: 30 minutos.
Porciones: 4

Ingredientes:
- 4 chuletas de cerdo, deshuesadas
- 1 libra de batatas, peladas y cortadas en gajos
- 1 cucharada de aceite de oliva
- 1 taza de caldo de verduras, bajo en sodio
- Una pizca de pimienta negra
- 1 cucharadita de orégano seco
- 1 cucharadita de romero seco
- 1 cucharadita de albahaca seca

Direcciones:
1. Calentar una sartén con el aceite a fuego medio-alto, agregar las chuletas de cerdo y cocinarlas 4 minutos por cada lado.
2. Agrega las batatas y el resto de los ingredientes, tapa y cocina a fuego medio 20 minutos más removiendo de vez en cuando.
3. Divida todo entre platos y sirva.

Nutrición: calorías 424, grasa 23.7, fibra 5.1, carbohidratos 32.3, proteína 19.9

Sopa de Trucha y Zanahorias

Tiempo de preparación: 10 minutos.
Tiempo de cocción: 25 minutos.
Porciones: 4

Ingredientes:
- 1 cebolla amarilla picada
- 12 tazas de caldo de pescado bajo en sodio
- 1 libra de zanahorias, en rodajas
- 1 libra de filetes de trucha, deshuesados, sin piel y en cubos
- 1 cucharada de pimentón dulce
- 1 taza de tomates en cubos
- 1 cucharada de aceite de oliva
- Pimienta negra al gusto

Direcciones:
1. Calienta una olla con el aceite a fuego medio-alto, agrega la cebolla, revuelve y sofríe por 5 minutos.
2. Agrega el pescado, las zanahorias y el resto de los ingredientes, lleva a fuego lento y cocina a fuego medio durante 20 minutos.
3. Sirva la sopa en tazones y sírvala.

Nutrición: calorías 361, grasa 13.4, fibra 4.6, carbohidratos 164, proteína 44.1

Guiso de pavo e hinojo

Tiempo de preparación: 10 minutos.
Tiempo de cocción: 45 minutos.
Porciones: 4

Ingredientes:
- 1 pechuga de pavo, sin piel, deshuesada y en cubos
- 2 bulbos de hinojo, en rodajas
- 1 cucharada de aceite de oliva
- 2 hojas de laurel
- 1 cebolla amarilla picada
- 1 taza de tomates enlatados, sin sal agregada
- 2 caldo de res bajo en sodio
- 3 dientes de ajo picados
- Pimienta negra al gusto

Direcciones:
1. Calentar una sartén con el aceite a fuego medio, agregar la cebolla y la carne y dorar por 5 minutos.
2. Agrega el hinojo y el resto de los ingredientes, lleva a fuego lento y cocina a fuego medio durante 40 minutos, revolviendo de vez en cuando.
3. Divida el guiso en tazones y sirva.

Nutrición: calorías 371, grasa 12.8, fibra 5.3, carbohidratos 16.7, proteína 11.9

Sopa de berenjena

Tiempo de preparación: 10 minutos.
Tiempo de cocción: 30 minutos.
Porciones: 4

Ingredientes:
- 2 berenjenas grandes, cortadas en cubos
- 1 cuarto de caldo de verduras bajo en sodio
- 2 cucharadas de pasta de tomate sin sal agregada
- 1 cebolla morada picada
- 1 cucharada de aceite de oliva
- 1 cucharada de cilantro picado
- Una pizca de pimienta negra

Direcciones:
1. Calienta una olla con el aceite a fuego medio, agrega la cebolla, revuelve y sofríe por 5 minutos.
2. Agrega las berenjenas y los demás ingredientes, lleva a fuego lento a fuego medio, cocina por 25 minutos, divide en tazones y sirve.

Nutrición: calorías 335, grasa 14.4, fibra 5, carbohidratos 16.1, proteína 8.4

Crema de Camote

Tiempo de preparación: 10 minutos.
Tiempo de cocción: 25 minutos.
Porciones: 4

Ingredientes:
- 4 tazas de caldo de verduras
- 2 cucharadas de aceite de aguacate
- 2 batatas, peladas y en cubos
- 2 cebollas amarillas picadas
- 2 dientes de ajo picados
- 1 taza de leche de coco
- Una pizca de pimienta negra
- ½ cucharadita de albahaca picada

Direcciones:
1. Calentar una olla con el aceite a fuego medio, agregar la cebolla y el ajo, remover y sofreír por 5 minutos.
2. Agrega las batatas y el resto de los ingredientes, lleva a fuego lento y cocina a fuego medio durante 20 minutos.
3. Licúa la sopa con una licuadora de inmersión, viértela en tazones y sírvela para el almuerzo.

Nutrición: calorías 303, grasa 14.4, fibra 4, carbohidratos 9.8, proteína 4.5

Sopa De Pollo Y Champiñones

Tiempo de preparación: 10 minutos.
Tiempo de cocción: 30 minutos.
Porciones: 4

Ingredientes:
- 1 cuarto de caldo de verduras, bajo en sodio
- 1 cucharada de jengibre rallado
- 1 cebolla amarilla picada
- 1 cucharada de aceite de oliva
- 1 libra de pechuga de pollo, sin piel, deshuesada y en cubos
- ½ libra de champiñones blancos, rebanados
- 4 chiles tailandeses, picados
- ¼ de taza de jugo de lima
- ¼ de taza de cilantro picado
- Una pizca de pimienta negra

Direcciones:
1. Calentar una olla con el aceite a fuego medio, agregar la cebolla, el jengibre, los chiles y la carne, remover y dorar por 5 minutos.
2. Agrega los champiñones, revuelve y cocina por 5 minutos más.
3. Agrega el resto de los ingredientes, lleva a fuego lento y cocina a fuego medio por 20 minutos más.
4. Sirva la sopa en tazones y sírvala de inmediato.

Nutrición: calorías 226, grasa 8.4, fibra 3.3, carbohidratos 13.6, proteína 28.2

Sartén de lima y salmón

Tiempo de preparación: 10 minutos.
Tiempo de cocción: 20 minutos.
Porciones: 4

Ingredientes:
- 4 filetes de salmón, deshuesados
- 3 dientes de ajo picados
- 1 cebolla amarilla picada
- Pimienta negra al gusto
- 2 cucharadas de aceite de oliva
- Zumo de 1 lima
- 1 cucharada de ralladura de lima rallada
- 1 cucharada de tomillo picado

Direcciones:
1. Calienta una sartén con el aceite a fuego medio-alto, agrega la cebolla y el ajo, revuelve y sofríe por 5 minutos.
2. Agrega el pescado y cocínalo durante 3 minutos por cada lado.
3. Agrega el resto de los ingredientes, cocina todo por 10 minutos más, divide en platos y sirve para el almuerzo.

Nutrición: calorías 315, grasa 18.1, fibra 1.1, carbohidratos 4.9, proteína 35.1

Ensalada de papas

Tiempo de preparación: 10 minutos.
Tiempo de cocción: 20 minutos.
Porciones: 4

Ingredientes:
- 2 tomates picados
- 2 aguacates, sin hueso y picados
- 2 tazas de espinacas tiernas
- 2 cebolletas picadas
- 1 libra de papas doradas, hervidas, peladas y cortadas en gajos
- 1 cucharada de aceite de oliva
- 1 cucharada de jugo de limón
- 1 cebolla amarilla picada
- 2 dientes de ajo picados
- Pimienta negra al gusto
- 1 manojo de cilantro picado

Direcciones:
1. Calentar una sartén con el aceite a fuego medio-alto, agregar la cebolla, las cebolletas y el ajo, remover y sofreír por 5 minutos.
2. Agregue las papas, mezcle suavemente y cocine por 5 minutos más.
3. Agrega el resto de los ingredientes, revuelve, cocina a fuego medio por 10 minutos más, divide en tazones y sirve para el almuerzo.

Nutrición: calorías 342, grasa 23.4, fibra 11.7, carbohidratos 33.5, proteína 5

Sartén de Carne Molida y Tomate

Tiempo de preparación: 10 minutos.
Tiempo de cocción: 20 minutos.
Porciones: 4

Ingredientes:
- 1 libra de carne molida
- 1 cebolla morada picada
- 1 cucharada de aceite de oliva
- 1 taza de tomates cherry, cortados por la mitad
- ½ pimiento rojo picado
- Pimienta negra al gusto
- 1 cucharada de cebollino picado
- 1 cucharada de romero picado
- 3 cucharadas de caldo de res bajo en sodio

Direcciones:
1. Calentar una sartén con el aceite a fuego medio, agregar la cebolla y el pimiento morrón, remover y sofreír por 5 minutos.
2. Agrega la carne, revuelve y dórala por otros 5 minutos.
3. Agregue el resto de los ingredientes, mezcle, cocine por 10 minutos, divida en tazones y sirva para el almuerzo.

Nutrición: calorías 320, grasa 11.3, fibra 4.4, carbohidratos 18.4, proteína 9

Ensalada De Camarones Y Aguacate

Tiempo de preparación: 5 minutos.
Tiempo de cocción: 0 minutos.
Porciones: 4

Ingredientes:
- 1 naranja, pelada y cortada en gajos
- 1 libra de camarones, cocidos, pelados y desvenados
- 2 tazas de rúcula tierna
- 1 aguacate, sin hueso, pelado y cortado en cubos
- 2 cucharadas de aceite de oliva
- 2 cucharadas de vinagre balsámico
- Jugo de ½ naranja
- Sal y pimienta negra

Direcciones:
1. En una ensaladera, mezcle, combine los camarones con las naranjas y los demás ingredientes, mezcle y sirva para el almuerzo.

Nutrición: calorías 300, grasa 5.2, fibra 2, carbohidratos 11.4, proteína 6.7

Crema de brócoli

Tiempo de preparación: 10 minutos.
Tiempo de cocción: 40 minutos.
Porciones: 4

Ingredientes:
- 2 libras de floretes de brócoli
- 1 cebolla amarilla picada
- 1 cucharada de aceite de oliva
- Pimienta negra al gusto
- 2 dientes de ajo picados
- 3 tazas de caldo de res bajo en sodio
- 1 taza de leche de coco
- 2 cucharadas de cilantro picado

Direcciones:
1. Calentar una olla con el aceite a fuego medio, agregar la cebolla y el ajo, remover y sofreír por 5 minutos.
2. Agrega el brócoli y los demás ingredientes excepto la leche de coco, lleva a fuego lento y cocina a fuego medio por 35 minutos más.
3. Licúa la sopa con una batidora de inmersión, agrega la leche de coco, vuelve a pulir, divide en tazones y sirve.

Nutrición: calorías 330, grasa 11.2, fibra 9.1, carbohidratos 16.4, proteína 9.7

Sopa de repollo

Tiempo de preparación: 10 minutos.
Tiempo de cocción: 40 minutos.
Porciones: 4

Ingredientes:
- 1 repollo verde grande, rallado
- 1 cebolla amarilla picada
- 1 cucharada de aceite de oliva
- Pimienta negra al gusto
- 1 puerro picado
- 2 tazas de tomates enlatados, bajos en sodio
- 4 tazas de caldo de pollo, bajo en sodio
- 1 cucharada de cilantro picado

Direcciones:
1. Calentar una olla con el aceite a fuego medio, agregar la cebolla y el puerro, remover y cocinar por 5 minutos.
2. Agrega el repollo y el resto de los ingredientes excepto el cilantro, lleva a fuego lento y cocina a fuego medio por 35 minutos.
3. Sirva la sopa en tazones, espolvoree el cilantro encima y sirva.

Nutrición: calorías 340, grasa 11.7, fibra 6, carbohidratos 25.8, proteína 11.8

Sopa de apio y coliflor

Tiempo de preparación: 10 minutos.
Tiempo de cocción: 40 minutos.
Porciones: 4

Ingredientes:
- 2 libras de floretes de coliflor
- 1 cebolla morada picada
- 1 cucharada de aceite de oliva
- 1 taza de puré de tomate
- Pimienta negra al gusto
- 1 taza de apio picado
- 6 tazas de caldo de pollo bajo en sodio
- 1 cucharada de eneldo picado

Direcciones:
4. Calienta una olla con el aceite a fuego medio-alto, agrega la cebolla y el apio, revuelve y sofríe por 5 minutos.
5. Agrega la coliflor y el resto de los ingredientes, lleva a fuego lento y cocina a fuego medio por 35 minutos más.
6. Divida la sopa en tazones y sirva.

Nutrición: calorías 135, grasa 4, fibra 8, carbohidratos 21.4, proteína 7.7

Sopa de cerdo y puerros

Tiempo de preparación: 10 minutos.
Tiempo de cocción: 40 minutos.
Porciones: 4

Ingredientes:
- 1 libra de carne de estofado de cerdo, en cubos
- Pimienta negra al gusto
- 5 puerros picados
- 1 cebolla amarilla picada
- 2 cucharadas de aceite de oliva
- 1 cucharada de perejil picado
- 6 tazas de caldo de res bajo en sodio

Direcciones:
4. Calentar una olla con el aceite a fuego medio-alto, agregar la cebolla y los puerros, remover y sofreír por 5 minutos.
5. Agrega la carne, revuelve y dora por 5 minutos más.
6. Agrega el resto de los ingredientes, lleva a fuego lento y cocina a fuego medio durante 30 minutos.
7. Sirva la sopa en tazones y sírvala.

Nutrición: calorías 395, grasa 18,3, fibra 2,6, carbohidratos 18,4, proteína 38,2

Ensalada de brócoli y camarones a la menta

Tiempo de preparación: 5 minutos.
Tiempo de cocción: 20 minutos.
Porciones: 4

Ingredientes:
- 1/3 taza de caldo de verduras bajo en sodio
- 2 cucharadas de aceite de oliva
- 2 tazas de floretes de brócoli
- 1 libra de camarones, pelados y desvenados
- Pimienta negra al gusto
- 1 cebolla amarilla picada
- 4 tomates cherry, cortados por la mitad
- 2 dientes de ajo picados
- Jugo de ½ limón
- ½ taza de aceitunas kalamata, sin hueso y cortadas en mitades
- 1 cucharada de menta picada

Direcciones:
1. Calentar una sartén con el aceite a fuego medio-alto, agregar la cebolla y el ajo, remover y sofreír por 3 minutos.
2. Agrega los camarones, revuelve y cocina por 2 minutos más.
3. Agregue el brócoli y los demás ingredientes, mezcle, cocine todo durante 10 minutos, divida en tazones y sirva para el almuerzo.

Nutrición: calorías 270, grasa 11.3, fibra 4.1, carbohidratos 14.3, proteína 28.9

Sopa De Camarones Y Bacalao

Tiempo de preparación: 10 minutos.
Tiempo de cocción: 20 minutos.
Porciones: 4

Ingredientes:
- 1 cuarto de caldo de pollo bajo en sodio
- ½ libra de camarones, pelados y desvenados
- ½ libra de filetes de bacalao, deshuesados, sin piel y en cubos
- 2 cucharadas de aceite de oliva
- 2 cucharaditas de chile en polvo
- 1 cucharadita de pimentón dulce
- 2 chalotas picadas
- Una pizca de pimienta negra
- 1 cucharada de eneldo picado

Direcciones:
1. Calienta una olla con el aceite a fuego medio, agrega las chalotas, revuelve y sofríe por 5 minutos.
2. Agrega los camarones y el bacalao y cocina por 5 minutos más.
3. Agrega el resto de los ingredientes, lleva a fuego lento y cocina a fuego medio durante 10 minutos.
4. Divida la sopa en tazones y sirva.

Nutrición: calorías 189, grasa 8.8, fibra 0.8, carbohidratos 3.2, proteína 24.6

Mezcla de camarones y cebollas verdes

Tiempo de preparación: 10 minutos.
Tiempo de cocción: 10 minutos.
Porciones: 4

Ingredientes:
- 2 libras de camarones, pelados y desvenados
- 1 taza de tomates cherry, cortados por la mitad
- 1 cucharada de aceite de oliva
- 4 cebollas verdes picadas
- 1 cucharada de vinagre balsámico
- 1 cucharada de cebollino picado

Direcciones:
1. Calienta una sartén con el aceite a fuego medio, agrega la cebolla y los tomates cherry, revuelve y sofríe por 4 minutos.
2. Agrega los camarones y los demás ingredientes, cocina por 6 minutos más, divide en platos y sirve.

Nutrición: calorías 313, grasa 7.5, fibra 1, carbohidratos 6.4, proteína 52.4

Guiso de espinacas

Tiempo de preparación: 10 minutos.
Tiempo de cocción: 15 minutos.
Porciones: 4

Ingredientes:
- 1 cucharada de aceite de oliva
- 1 cucharadita de jengibre rallado
- 2 dientes de ajo picados
- 1 cebolla amarilla picada
- 2 tomates picados
- 1 taza de tomates enlatados, sin sal agregada
- 1 cucharadita de comino, molido
- Una pizca de pimienta negra
- 1 taza de caldo de verduras bajo en sodio
- 2 libras de hojas de espinaca

Direcciones:
1. Calentar una olla con el aceite a fuego medio, agregar el jengibre, el ajo y la cebolla, remover y sofreír por 5 minutos.
2. Agregue los tomates, los tomates enlatados y los demás ingredientes, mezcle suavemente, cocine a fuego lento y cocine por 10 minutos más.
3. Divida el guiso en tazones y sirva.

Nutrición: calorías 123, grasa 4.8, fibra 7.3, carbohidratos 17, proteína 8.2

Mezcla de coliflor al curry

Tiempo de preparación: 10 minutos.
Tiempo de cocción: 25 minutos.
Porciones: 4

Ingredientes:
- 1 cebolla morada picada
- 1 cucharada de aceite de oliva
- 2 dientes de ajo picados
- 1 pimiento rojo picado
- 1 pimiento verde picado
- 1 cucharada de jugo de lima
- 1 libra de floretes de coliflor
- 14 onzas de tomates enlatados, picados
- 2 cucharaditas de curry en polvo
- Una pizca de pimienta negra
- 2 tazas de crema de coco
- 1 cucharada de cilantro picado

Direcciones:
1. Calienta una olla con el aceite a fuego medio, agrega la cebolla y el ajo, revuelve y cocina por 5 minutos.
2. Agrega los pimientos morrones y los demás ingredientes, lleva todo a fuego lento y cocina a fuego medio durante 20 minutos.
3. Divida todo en tazones y sirva.

Nutrición: calorías 270, grasa 7.7, fibra 5.4, carbohidratos 12.9, proteína 7

Guiso de Zanahorias y Calabacín

Tiempo de preparación: 10 minutos.
Tiempo de cocción: 30 minutos.
Porciones: 4

Ingredientes:
- 1 cebolla amarilla picada
- 2 cucharadas de aceite de oliva
- 2 dientes de ajo picados
- 4 calabacines, en rodajas
- 2 zanahorias en rodajas
- 1 cucharadita de pimentón dulce
- ¼ de cucharadita de chile en polvo
- Una pizca de pimienta negra
- ½ taza de tomates picados
- 2 tazas de caldo de verduras bajo en sodio
- 1 cucharada de cebollino picado
- 1 cucharada de romero picado

Direcciones:
1. Calentar una olla con el aceite a fuego medio, agregar la cebolla y el ajo, remover y sofreír por 5 minutos.
2. Agrega los calabacines, las zanahorias y los demás ingredientes, lleva a fuego lento y cocina por 25 minutos más.
3. Divida el estofado en tazones y sirva de inmediato para el almuerzo.

Nutrición: calorías 272, grasa 4.6, fibra 4.7, carbohidratos 14.9, proteína 9

Guiso de Col y Judías Verdes

Tiempo de preparación: 10 minutos.
Tiempo de cocción: 25 minutos.
Porciones: 4

Ingredientes:
- 2 cucharadas de aceite de oliva
- 1 repollo morado, rallado
- 1 cebolla morada picada
- 1 libra de judías verdes, cortadas y cortadas por la mitad
- 2 dientes de ajo picados
- 7 onzas de tomates enlatados, picados sin sal agregada
- 2 tazas de caldo de verduras bajo en sodio
- Una pizca de pimienta negra
- 1 cucharada de eneldo picado

Direcciones:
1. Calentar una olla con el aceite, a fuego medio, agregar la cebolla y el ajo, remover y sofreír por 5 minutos.
2. Agregue el repollo y los demás ingredientes, revuelva, tape y cocine a fuego medio durante 20 minutos.
3. Dividir en tazones y servir para el almuerzo.

Nutrición: calorías 281, grasa 8.5, fibra 7.1, carbohidratos 14.9, proteína 6.7

Sopa De Champiñones Y Chile

Tiempo de preparación: 5 minutos.
Tiempo de cocción: 30 minutos.
Porciones: 4

Ingredientes:
- 1 cebolla amarilla picada
- 1 cucharada de aceite de oliva
- 1 ají rojo picado
- 1 cucharadita de chile en polvo
- ½ cucharadita de pimentón picante
- 4 dientes de ajo picados
- 1 libra de champiñones blancos, en rodajas
- 6 tazas de caldo de verduras bajo en sodio
- 1 taza de tomates picados
- ½ cucharada de perejil picado

Direcciones:
1. Calentar una olla con el aceite, a fuego medio, agregar la cebolla, el ají, el pimentón picante, el ají en polvo y el ajo, remover y sofreír por 5 minutos.
2. Agrega los champiñones, revuelve y cocina por 5 minutos más.
3. Agrega el resto de los ingredientes, lleva a fuego lento y cocina a fuego medio durante 20 minutos.
4. Divida la sopa en tazones y sirva.

Nutrición: calorías 290, grasa 6.6, fibra 4.6, carbohidratos 16.9, proteína 10

Carne de cerdo con chile

Tiempo de preparación: 10 minutos.
Tiempo de cocción: 30 minutos.
Porciones: 4

Ingredientes:
- 2 libras de carne de cerdo para estofado, en cubos
- 2 cucharadas de pasta de chile
- 1 cebolla amarilla picada
- 2 dientes de ajo picados
- 1 cucharada de aceite de oliva
- 2 tazas de caldo de res bajo en sodio
- 1 cucharada de orégano picado

Direcciones:
1. Calentar una olla con el aceite, a fuego medio-alto, agregar la cebolla y el ajo, remover y sofreír por 5 minutos.
2. Agrega la carne y dórala por 5 minutos más.
3. Agrega el resto de los ingredientes, lleva a fuego lento y cocina a fuego medio por 20 minutos más.
4. Divida la mezcla en tazones y sirva.

Nutrición: calorías 363, grasa 8.6, fibra 7, carbohidratos 17.3, proteína 18.4

Ensalada De Champiñones Con Pimentón Y Salmón

Tiempo de preparación: 10 minutos.
Tiempo de cocción: 20 minutos.
Porciones: 4

Ingredientes:
- 10 onzas de salmón ahumado, bajo en sodio, deshuesado, sin piel y en cubos
- 2 cebollas verdes picadas
- 2 chiles rojos picados
- 1 cucharada de aceite de oliva
- ½ cucharadita de orégano seco
- ½ cucharadita de pimentón ahumado
- Una pizca de pimienta negra
- 8 onzas de champiñones blancos, en rodajas
- 1 cucharada de jugo de limón
- 1 taza de aceitunas negras, sin hueso y cortadas por la mitad
- 1 cucharada de perejil picado

Direcciones:
1. Calienta una sartén con el aceite a fuego medio, agrega las cebollas y los chiles, revuelve y cocina por 4 minutos.
2. Agrega los champiñones, revuelve y sofríe durante 5 minutos.

3. Agrega el salmón y los demás ingredientes, revuelve, cocina todo por 10 minutos más, divide en tazones y sirve para el almuerzo.

Nutrición: calorías 321, grasa 8.5, fibra 8, carbohidratos 22.2, proteína 13.5

Mezcla de garbanzos y patatas

Tiempo de preparación: 10 minutos.
Tiempo de cocción: 30 minutos.
Porciones: 4

Ingredientes:
- 2 cucharadas de aceite de oliva
- 1 taza de garbanzos enlatados, sin sal agregada, escurridos y enjuagados
- 1 libra de batatas, peladas y cortadas en gajos
- 4 dientes de ajo picados
- 2 chalotas picadas
- 1 taza de tomates enlatados, sin sal y picados
- 1 cucharadita de cilantro molido
- 2 tomates picados
- 1 taza de caldo de verduras bajo en sodio
- Una pizca de pimienta negra
- 1 cucharada de jugo de limón
- 1 cucharada de cilantro picado

Direcciones:
1. Calentar una olla con el aceite a fuego medio, agregar las chalotas y el ajo, remover y sofreír por 5 minutos.
2. Agrega los garbanzos, las papas y los demás ingredientes, lleva a fuego lento y cocina a fuego medio durante 25 minutos.
3. Divida todo en tazones y sirva para el almuerzo.

Nutrición: calorías 341, grasa 11.7, fibra 6, carbohidratos 14.9, proteína 18.7

Mezcla de pollo con cardamomo

Tiempo de preparación: 10 minutos.
Tiempo de cocción: 30 minutos.
Porciones: 4

Ingredientes:
- 1 cucharada de aceite de oliva
- 1 libra de pechuga de pollo, sin piel, deshuesada y en cubos
- 1 chalota picada
- 1 cucharada de jengibre rallado
- 2 dientes de ajo picados
- 1 cucharadita de cardamomo, molido
- ½ cucharadita de cúrcuma en polvo
- 1 cucharadita de jugo de lima
- 1 taza de caldo de pollo bajo en sodio
- 1 cucharada de cilantro picado

Direcciones:
1. Calentar una olla con el aceite a fuego medio-alto, agregar la chalota, el jengibre, el ajo, el cardamomo y la cúrcuma, remover y sofreír por 5 minutos.
2. Agrega la carne y dórala por 5 minutos.
3. Agrega el resto de los ingredientes, lleva todo a fuego lento y cocina por 20 minutos.
4. Divida la mezcla en tazones y sirva.

Nutrición: calorías 175, grasa 6.5, fibra 0.5, carbohidratos 3.3, proteína 24.7

Chile de Lentejas

Tiempo de preparación: 10 minutos.
Tiempo de cocción: 35 minutos.
Porciones: 6

Ingredientes:
- 1 pimiento verde picado
- 1 cucharada de aceite de oliva
- 2 cebolletas picadas
- 2 dientes de ajo picados
- 24 onzas de lentejas enlatadas, sin sal agregada, escurridas y enjuagadas
- 2 tazas de caldo de verduras
- 2 cucharadas de chile en polvo, suave
- ½ cucharadita de chipotle en polvo
- 30 onzas de tomates enlatados, sin sal agregada, picados
- Una pizca de pimienta negra

Direcciones:
1. Calentar una olla con el aceite a fuego medio, agregar la cebolla y el ajo, remover y sofreír por 5 minutos.
2. Agrega el pimiento morrón, las lentejas y los demás ingredientes, lleva a fuego lento y cocina a fuego medio durante 30 minutos.
3. Divida el chile en tazones y sirva para el almuerzo.

Nutrición: calorías 466, grasa 5, fibra 37.6, carbohidratos 77.9, proteína 31.2

Endivias de Romero

Tiempo de preparación: 10 minutos.
Tiempo de cocción: 20 minutos.
Porciones: 4

Ingredientes:
- 2 endivias, cortadas a la mitad a lo largo
- 2 cucharadas de aceite de oliva
- 1 cucharadita de romero seco
- ½ cucharadita de cúrcuma en polvo
- Una pizca de pimienta negra

Direcciones:
1. En un molde para hornear, combine las endivias con el aceite y los demás ingredientes, mezcle suavemente, introduzca en el horno y hornee a 400 grados F por 20 minutos.
2. Dividir entre platos y servir como guarnición.

Nutrición: calorías 66, grasa 7.1, fibra 1, carbohidratos 1.2, proteína 0.3

Endivias de limón

Tiempo de preparación: 10 minutos.
Tiempo de cocción: 20 minutos.
Porciones: 4

Ingredientes:
- 4 endivias, cortadas a la mitad a lo largo
- 1 cucharada de jugo de limón
- 1 cucharada de ralladura de limón rallada
- 2 cucharadas de parmesano sin grasa rallado
- 2 cucharadas de aceite de oliva
- Una pizca de pimienta negra

Direcciones:
1. En una fuente para horno, combine las endivias con el jugo de limón y los demás ingredientes excepto el parmesano y mezcle.
2. Espolvoree el parmesano encima, hornee las endivias a 400 grados F durante 20 minutos, divida entre platos y sirva como guarnición.

Nutrición: calorías 71, grasa 7.1, fibra 0.9, carbohidratos 2.3, proteína 0.9

Espárragos al pesto

Tiempo de preparación: 10 minutos.
Tiempo de cocción: 20 minutos.
Porciones: 4

Ingredientes:
- 1 libra de espárragos, cortados
- 2 cucharadas de pesto de albahaca
- 1 cucharada de jugo de limón
- Una pizca de pimienta negra
- 3 cucharadas de aceite de oliva
- 2 cucharadas de cilantro picado

Direcciones:
1. Acomodar los espárragos en una bandeja para hornear forrada, agregar el pesto y los demás ingredientes, mezclar, introducir en el horno y cocinar a 400 grados F por 20 minutos.
2. Dividir entre platos y servir como guarnición.

Nutrición: calorías 114, grasa 10.7, fibra 2.4, carbohidratos 4.6, proteína 2.6

Zanahorias con pimentón

Tiempo de preparación: 10 minutos.
Tiempo de cocción: 30 minutos.
Porciones: 4

Ingredientes:
- 1 libra de zanahorias pequeñas, cortadas
- 1 cucharada de pimentón dulce
- 1 cucharadita de jugo de lima
- 3 cucharadas de aceite de oliva
- Una pizca de pimienta negra
- 1 cucharadita de ajonjolí

Direcciones:
1. Coloque las zanahorias en una bandeja para hornear forrada, agregue el pimentón y los demás ingredientes excepto las semillas de sésamo, mezcle, introduzca en el horno y hornee a 400 grados F durante 30 minutos.
2. Divida las zanahorias entre platos, espolvoree semillas de sésamo por encima y sirva como guarnición.

Nutrición: calorías 142, grasa 11.3, fibra 4.1, carbohidratos 11.4, proteína 1.2

Sartén cremosa de patatas

Tiempo de preparación: 10 minutos.
Tiempo de cocción: 1 hora.
Porciones: 8

Ingredientes:
- 1 libra de papas doradas, peladas y cortadas en gajos
- 2 cucharadas de aceite de oliva
- 1 cebolla morada picada
- 2 dientes de ajo picados
- 2 tazas de crema de coco
- 1 cucharada de tomillo picado
- ¼ de cucharadita de nuez moscada molida
- ½ taza de parmesano rallado bajo en grasa

Direcciones:
1. Calentar una sartén con el aceite a fuego medio, agregar la cebolla y el ajo y sofreír por 5 minutos.
2. Agrega las papas y dóralas por 5 minutos más.
3. Agrega la nata y el resto de los ingredientes, revuelve suavemente, lleva a fuego lento y cocina a fuego medio por 40 minutos más.
4. Divida la mezcla entre platos y sirva como guarnición.

Nutrición: calorías 230, grasa 19.1, fibra 3.3, carbohidratos 14.3, proteína 3.6

Repollo de sésamo

Tiempo de preparación: 10 minutos.
Tiempo de cocción: 20 minutos.
Porciones: 4

Ingredientes:
- 1 libra de repollo verde, desmenuzado
- 2 cucharadas de aceite de oliva
- Una pizca de pimienta negra
- 1 chalota picada
- 2 dientes de ajo picados
- 2 cucharadas de vinagre balsámico
- 2 cucharaditas de pimentón picante
- 1 cucharadita de ajonjolí

Direcciones:
1. Calentar una sartén con el aceite a fuego medio, agregar la chalota y el ajo y sofreír por 5 minutos.
2. Agrega el repollo y los demás ingredientes, revuelve, cocina a fuego medio por 15 minutos, divide en platos y sirve.

Nutrición: calorías 101, grasa 7.6, fibra 3.4, carbohidratos 84, proteína 1.9

Brócoli con cilantro

Tiempo de preparación: 10 minutos.
Tiempo de cocción: 30 minutos.
Porciones: 4

Ingredientes:
- 2 cucharadas de aceite de oliva
- 1 libra de floretes de brócoli
- 2 dientes de ajo picados
- 2 cucharadas de salsa de chile
- 1 cucharada de jugo de limón
- Una pizca de pimienta negra
- 2 cucharadas de cilantro picado

Direcciones:
1. En un molde para hornear, combine el brócoli con el aceite, el ajo y los demás ingredientes, mezcle un poco, introduzca en el horno y hornee a 400 grados F por 30 minutos.
2. Divida la mezcla entre platos y sirva como guarnición.

Nutrición: calorías 103, grasa 7.4, fibra 3, carbohidratos 8.3, proteína 3.4

Coles de Bruselas con chile

Tiempo de preparación: 10 minutos.
Tiempo de cocción: 25 minutos.
Porciones: 4

Ingredientes:
- 1 cucharada de aceite de oliva
- 1 libra de coles de Bruselas, cortadas y cortadas por la mitad
- 2 dientes de ajo picados
- ½ taza de mozzarella descremada, rallada
- Una pizca de hojuelas de pimienta, triturada

Direcciones:
1. En una fuente para hornear, combine los brotes con el aceite y los otros ingredientes excepto el queso y mezcle.
2. Espolvorea el queso por encima, introduce en el horno y hornea a 400 grados F por 25 minutos.
3. Dividir entre platos y servir como guarnición.

Nutrición: calorías 91, grasa 4.5, fibra 4.3, carbohidratos 10.9, proteína 5

Mezcla de coles de Bruselas y cebollas verdes

Tiempo de preparación: 10 minutos.
Tiempo de cocción: 25 minutos.
Porciones: 4

Ingredientes:
- 2 cucharadas de aceite de oliva
- 1 libra de coles de Bruselas, cortadas y cortadas por la mitad
- 3 cebollas verdes picadas
- 2 dientes de ajo picados
- 1 cucharada de vinagre balsámico
- 1 cucharada de pimentón dulce
- Una pizca de pimienta negra

Direcciones:
1. En una bandeja para hornear, combine las coles de Bruselas con el aceite y los otros ingredientes, mezcle y hornee a 400 grados F durante 25 minutos.
2. Divida la mezcla entre platos y sirva.

Nutrición: calorías 121, grasa 7.6, fibra 5.2, carbohidratos 12.7, proteína 4.4

Puré de coliflor

Tiempo de preparación: 10 minutos.
Tiempo de cocción: 25 minutos.
Porciones: 4

Ingredientes:
- 2 libras de floretes de coliflor
- ½ taza de leche de coco
- Una pizca de pimienta negra
- ½ taza de crema agria baja en grasa
- 1 cucharada de cilantro picado
- 1 cucharada de cebollino picado

Direcciones:
1. Pon la coliflor en una olla, agrega agua para tapar, lleva a ebullición a fuego medio, cocina por 25 minutos y escurre.
2. Triturar la coliflor, añadir la leche, la pimienta negra y la nata, batir bien, repartir en platos, espolvorear por encima el resto de los ingredientes y servir.

Nutrición: calorías 188, grasa 13.4, fibra 6.4, carbohidratos 15, proteína 6.1

Ensalada de aguacate

Tiempo de preparación: 5 minutos.
Tiempo de cocción: 0 minutos.
Porciones: 4

Ingredientes:
- 2 cucharadas de aceite de oliva
- 2 aguacates, pelados, sin hueso y cortados en gajos
- 1 taza de aceitunas kalamata, sin hueso y cortadas por la mitad
- 1 taza de tomates en cubos
- 1 cucharada de jengibre rallado
- Una pizca de pimienta negra
- 2 tazas de rúcula tierna
- 1 cucharada de vinagre balsámico

Direcciones:
1. En un bol, combine los aguacates con la kalamata y los demás ingredientes, mezcle y sirva como guarnición.

Nutrición: calorías 320, grasa 30.4, fibra 8.7, carbohidratos 13.9, proteína 3

Ensalada de rábano

Tiempo de preparación: 5 minutos.
Tiempo de cocción: 0 minutos.
Porciones: 4

Ingredientes:
- 2 cebollas verdes, en rodajas
- 1 libra de rábanos, en cubos
- 2 cucharadas de vinagre balsámico
- 2 cucharadas de aceite de oliva
- 1 cucharadita de chile en polvo
- 1 taza de aceitunas negras, sin hueso y cortadas por la mitad
- Una pizca de pimienta negra

Direcciones:
1. En una ensaladera grande, combine los rábanos con las cebollas y los otros ingredientes, mezcle y sirva como guarnición.

Nutrición: calorías 123, grasa 10.8, fibra 3.3, carbohidratos 7, proteína 1.3

Ensalada de endivias al limón

Tiempo de preparación: 5 minutos.
Tiempo de cocción: 0 minutos.
Porciones: 4

Ingredientes:
- 2 endivias, ralladas
- 1 cucharada de eneldo picado
- ¼ de taza de jugo de limón
- ¼ taza de aceite de oliva
- 2 tazas de espinacas tiernas
- 2 tomates, en cubos
- 1 pepino en rodajas
- ½ taza de nueces picadas

Direcciones:
1. En un tazón grande, combine las endivias con las espinacas y los demás ingredientes, mezcle y sirva como guarnición.

Nutrición: calorías 238, grasa 22,3, fibra 3,1, carbohidratos 8,4, proteína 5,7

Mezcla de Aceitunas y Maíz

Tiempo de preparación: 5 minutos.
Tiempo de cocción: 0 minutos.
Porciones: 4

Ingredientes:
- 2 cucharadas de aceite de oliva
- 1 cucharada de vinagre balsámico
- Una pizca de pimienta negra
- 4 tazas de maíz
- 2 tazas de aceitunas negras, sin hueso y cortadas por la mitad
- 1 cebolla morada picada
- ½ taza de tomates cherry, cortados por la mitad
- 1 cucharada de albahaca picada
- 1 cucharada de jalapeño picado
- 2 tazas de lechuga romana, rallada

Direcciones:
1. En un tazón grande, combine el maíz con las aceitunas, la lechuga y los demás ingredientes, mezcle bien, divida en platos y sirva como guarnición.

Nutrición: calorías 290, grasa 16.1, fibra 7.4, carbohidratos 37.6, proteína 6.2

Ensalada de rúcula y piñones

Tiempo de preparación: 5 minutos.
Tiempo de cocción: 0 minutos.
Porciones: 4

Ingredientes:
- ¼ de taza de semillas de granada
- 5 tazas de rúcula tierna
- 6 cucharadas de cebollas verdes picadas
- 1 cucharada de vinagre balsámico
- 2 cucharadas de aceite de oliva
- 3 cucharadas de piñones
- ½ chalota picada

Direcciones:
1. En una ensaladera, combine la rúcula con la granada y los demás ingredientes, mezcle y sirva.

Nutrición: calorías 120, grasa 11.6, fibra 0.9, carbohidratos 4.2, proteína 1.8

Almendras y espinacas

Tiempo de preparación: 10 minutos.
Tiempo de cocción: 0 minutos.
Porciones: 4

Ingredientes:
- 2 cucharadas de aceite de oliva
- 2 aguacates, pelados, sin hueso y cortados en gajos
- 3 tazas de espinacas tiernas
- ¼ de taza de almendras tostadas y picadas
- 1 cucharada de jugo de limón
- 1 cucharada de cilantro picado

Direcciones:
1. En un bol, combine los aguacates con las almendras, las espinacas y los demás ingredientes, mezcle y sirva como guarnición.

Nutrición: calorías 181, grasa 4, fibra 4.8, carbohidratos 11.4, proteína 6

Ensalada de Frijoles Verdes y Maíz

Tiempo de preparación: 4 minutos.
Tiempo de cocción: 0 minutos.
Porciones: 4

Ingredientes:
- Zumo de 1 lima
- 2 tazas de lechuga romana, rallada
- 1 taza de maíz
- ½ libra de ejotes, blanqueados y cortados por la mitad
- 1 pepino picado
- 1/3 taza de cebollino picado

Direcciones:
1. En un bol, combine las judías verdes con el maíz y los demás ingredientes, mezcle y sirva.

Nutrición: calorías 225, grasa 12, fibra 2.4, carbohidratos 11.2, proteína 3.5

Ensalada de endivias y col rizada

Tiempo de preparación: 4 minutos.
Tiempo de cocción: 0 minutos.
Porciones: 4

Ingredientes:
- 3 cucharadas de aceite de oliva
- 2 endivias, cortadas y ralladas
- 2 cucharadas de jugo de lima
- 1 cucharada de ralladura de lima rallada
- 1 cebolla morada en rodajas
- 1 cucharada de vinagre balsámico
- 1 libra de col rizada, desgarrada
- Una pizca de pimienta negra

Direcciones:
1. En un bol, combine las endivias con la col rizada y los demás ingredientes, mezcle bien y sirva frío como guarnición.

Nutrición: calorías 270, grasa 11.4, fibra 5, carbohidratos 14.3, proteína 5.7

Ensalada Edamame

Tiempo de preparación: 5 minutos.
Tiempo de cocción: 6 minutos.
Porciones: 4

Ingredientes:
- 2 cucharadas de aceite de oliva
- 2 cucharadas de vinagre balsámico
- 2 dientes de ajo picados
- 3 tazas de edamame, sin cáscara
- 1 cucharada de cebollino picado
- 2 chalotas picadas

Direcciones:
1. Calentar una sartén con el aceite a fuego medio, agregar el edamame, el ajo y los demás ingredientes, remover, cocinar por 6 minutos, repartir en platos y servir.

Nutrición: calorías 270, grasa 8.4, fibra 5.3, carbohidratos 11.4, proteína 6

Ensalada de uvas y aguacates

Tiempo de preparación: 5 minutos.
Tiempo de cocción: 0 minutos.
Porciones: 4

Ingredientes:
- 2 tazas de espinacas tiernas
- 2 aguacates, pelados, sin hueso y cortados en cubos
- 1 pepino en rodajas
- 1 y ½ tazas de uvas verdes, cortadas por la mitad
- 2 cucharadas de aceite de aguacate
- 1 cucharada de vinagre de sidra
- 2 cucharadas de perejil picado
- Una pizca de pimienta negra

Direcciones:
1. En una ensaladera, combine las espinacas tiernas con los aguacates y los demás ingredientes, mezcle y sirva.

Nutrición: calorías 277, grasa 11.4, fibra 5, carbohidratos 14.6, proteína 4

Mezcla de berenjena con orégano

Tiempo de preparación: 10 minutos.
Tiempo de cocción: 20 minutos.
Porciones: 4

Ingredientes:
- 2 berenjenas grandes, cortadas en cubos
- 1 cucharada de orégano picado
- ½ taza de parmesano rallado bajo en grasa
- ¼ de cucharadita de ajo en polvo
- 2 cucharadas de aceite de oliva
- Una pizca de pimienta negra

Direcciones:
1. En un molde para hornear combine las berenjenas con el orégano y los demás ingredientes excepto el queso y mezcle.
2. Espolvoree parmesano encima, introduzca en el horno y hornee a 370 grados F durante 20 minutos.
3. Dividir entre platos y servir como guarnición.

Nutrición: calorías 248, grasa 8.4, fibra 4, carbohidratos 14.3, proteína 5.4

Mezcla de tomates al horno

Tiempo de preparación: 10 minutos.
Tiempo de cocción: 20 minutos.
Porciones: 4

Ingredientes:
- 2 libras de tomates, cortados por la mitad
- 1 cucharada de albahaca picada
- 3 cucharadas de aceite de oliva
- Ralladura de 1 limón rallado
- 3 dientes de ajo picados
- ¼ taza de parmesano bajo en grasa, rallado
- Una pizca de pimienta negra

Direcciones:
1. En un molde para hornear, combine los tomates con la albahaca y los demás ingredientes excepto el queso y mezcle.
2. Espolvoree el parmesano por encima, introduzca en el horno a 375 grados F durante 20 minutos, divida entre platos y sirva como guarnición.

Nutrición: calorías 224, grasa 12, fibra 4.3, carbohidratos 10.8, proteína 5.1

Setas de tomillo

Tiempo de preparación: 10 minutos.
Tiempo de cocción: 30 minutos.
Porciones: 4

Ingredientes:
- 2 libras de champiñones blancos, cortados por la mitad
- 4 dientes de ajo picados
- 2 cucharadas de aceite de oliva
- 1 cucharada de tomillo picado
- 2 cucharadas de perejil picado
- Pimienta negra al gusto

Direcciones:
1. En un molde para hornear, combine los champiñones con el ajo y los demás ingredientes, mezcle, introduzca en el horno y cocine a 400 grados F durante 30 minutos.
2. Dividir entre platos y servir como guarnición.

Nutrición: calorías 251, grasa 9.3, fibra 4, carbohidratos 13.2, proteína 6

Salteado de Espinacas y Maíz

Tiempo de preparación: 10 minutos.
Tiempo de cocción: 15 minutos.
Porciones: 4

Ingredientes:
- 1 taza de maíz
- 1 libra de hojas de espinaca
- 1 cucharadita de pimentón dulce
- 1 cucharada de aceite de oliva
- 1 cebolla amarilla picada
- ½ taza de albahaca, picada
- Una pizca de pimienta negra
- ½ cucharadita de hojuelas de pimiento rojo

Direcciones:
1. Calienta una sartén con el aceite a fuego medio-alto, agrega la cebolla, revuelve y sofríe por 5 minutos.
2. Agrega el elote, la espinaca y los demás ingredientes, revuelve, cocina a fuego medio por 10 minutos más, divide en platos y sirve.

Nutrición: calorías 201, grasa 13.1, fibra 2.5, carbohidratos 14.4, proteína 3.7

Salteado de Maíz y Cebolletas

Tiempo de preparación: 10 minutos.
Tiempo de cocción: 15 minutos.
Porciones: 4

Ingredientes:
- 4 tazas de maíz
- 1 cucharada de aceite de aguacate
- 2 chalotas picadas
- 1 cucharadita de chile en polvo
- 2 cucharadas de pasta de tomate, sin sal agregada
- 3 cebolletas picadas
- Una pizca de pimienta negra

Direcciones:
1. Calienta una sartén con el aceite a fuego medio-alto, agrega las cebolletas y el chile en polvo, revuelve y sofríe por 5 minutos.
2. Agrega el maíz y los demás ingredientes, revuelve, cocina por 10 minutos más, divide en platos y sirve como guarnición.

Nutrición: calorías 259, grasa 11.1, fibra 2.6, carbohidratos 13.2, proteína 3.5

Ensalada de espinacas y mango

Tiempo de preparación: 10 minutos.
Tiempo de cocción: 0 minutos.
Porciones: 4

Ingredientes:
- 1 taza de mango, pelado y cortado en cubos
- 4 tazas de espinacas tiernas
- 1 cucharada de aceite de oliva
- 2 cebolletas picadas
- 1 cucharada de jugo de limón
- 1 cucharada de alcaparras, escurridas, sin sal agregada
- 1/3 taza de almendras picadas

Direcciones:
1. En un bol mezclar las espinacas con el mango y los demás ingredientes, mezclar y servir.

Nutrición: calorías 200, grasa 7.4, fibra 3, carbohidratos 4.7, proteína 4.4

Patatas Mostaza

Tiempo de preparación: 5 minutos.
Tiempo de cocción: 1 hora.
Porciones: 4

Ingredientes:
- 1 libra de papas doradas, peladas y cortadas en gajos
- 2 cucharadas de aceite de oliva
- Una pizca de pimienta negra
- 2 cucharadas de romero picado
- 1 cucharada de mostaza de Dijon
- 2 dientes de ajo picados

Direcciones:
1. En una bandeja para hornear, combine las papas con el aceite y los demás ingredientes, mezcle, introduzca en el horno a 400 grados F y hornee por aproximadamente 1 hora.
2. Divida entre platos y sirva como guarnición de inmediato.

Nutrición: calorías 237, grasa 11.5, fibra 6.4, carbohidratos 14.2, proteína 9

Coles de Bruselas de coco

Tiempo de preparación: 5 minutos.
Tiempo de cocción: 30 minutos.
Porciones: 4

Ingredientes:
- 1 libra de coles de Bruselas, cortadas y cortadas por la mitad
- 1 taza de crema de coco
- 1 cucharada de aceite de oliva
- 2 chalotas picadas
- Una pizca de pimienta negra
- ½ taza de anacardos picados

Direcciones:
1. En una fuente para asar, combine los brotes con la crema y el resto de los ingredientes, mezcle y hornee en el horno durante 30 minutos a 350 grados F.
2. Dividir entre platos y servir como guarnición.

Nutrición: calorías 270, grasa 6.5, fibra 5.3, carbohidratos 15.9, proteína 3.4

Zanahorias de salvia

Tiempo de preparación: 10 minutos.
Tiempo de cocción: 30 minutos.
Porciones: 4

Ingredientes:
- 2 cucharadas de aceite de oliva
- 2 cucharaditas de pimentón dulce
- 1 libra de zanahorias, peladas y cortadas en cubos
- 1 cebolla morada picada
- 1 cucharada de salvia picada
- Una pizca de pimienta negra

Direcciones:
1. En una bandeja para hornear, combine las zanahorias con el aceite y los otros ingredientes, mezcle y hornee a 380 grados F durante 30 minutos.
2. Dividir en platos y servir.

Nutrición: calorías 200, grasa 8.7, fibra 2.5, carbohidratos 7.9, proteína 4

Hongos con ajo y maíz

Tiempo de preparación: 10 minutos.
Tiempo de cocción: 20 minutos.
Porciones: 4

Ingredientes:
- 1 libra de champiñones blancos, cortados por la mitad
- 2 tazas de maíz
- 2 cucharadas de aceite de oliva
- 4 dientes de ajo picados
- 1 taza de tomates enlatados, sin sal agregada, picados
- Una pizca de pimienta negra
- ½ cucharadita de chile en polvo

Direcciones:
1. Calentar una sartén con el aceite a fuego medio, agregar los champiñones, el ajo y el elote, remover y sofreír por 10 minutos.
2. Agrega el resto de los ingredientes, revuelve, cocina a fuego medio por 10 minutos más, divide en platos y sirve.

Nutrición: calorías 285, grasa 13, fibra 2.2, carbohidratos 14.6, proteína 6.7.

Judías verdes al pesto

Tiempo de preparación: 10 minutos.
Tiempo de cocción: 15 minutos.
Porciones: 4

Ingredientes:
- 2 cucharadas de pesto de albahaca
- 2 cucharaditas de pimentón dulce
- 1 libra de judías verdes, cortadas y cortadas por la mitad
- Jugo de 1 limón
- 2 cucharadas de aceite de oliva
- 1 cebolla morada en rodajas
- Una pizca de pimienta negra

Direcciones:
1. Calienta una sartén con el aceite a fuego medio-alto, agrega la cebolla, revuelve y sofríe por 5 minutos.
2. Agrega los frijoles y el resto de los ingredientes, revuelve, cocina a fuego medio durante 10 minutos, divide en platos y sirve.

Nutrición: calorías 280, grasa 10, fibra 7.6, carbohidratos 13.9, proteína 4.7

Tomates al estragón

Tiempo de preparación: 5 minutos.
Tiempo de cocción: 0 minutos.
Porciones: 4

Ingredientes:
- 1 y ½ cucharada de aceite de oliva
- 1 libra de tomates, cortados en gajos
- 1 cucharada de jugo de lima
- 1 cucharada de ralladura de lima rallada
- 2 cucharadas de estragón picado
- Una pizca de pimienta negra

Direcciones:
1. En un tazón, combine los tomates con los otros ingredientes, mezcle y sirva como ensalada.

Nutrición: calorías 170, grasa 4, fibra 2.1, carbohidratos 11.8, proteínas 6

Remolacha de almendras

Tiempo de preparación: 10 minutos.
Tiempo de cocción: 30 minutos.
Porciones: 4

Ingredientes:
- 4 remolachas, peladas y cortadas en gajos
- 3 cucharadas de aceite de oliva
- 2 cucharadas de almendras picadas
- 2 cucharadas de vinagre balsámico
- Una pizca de pimienta negra
- 2 cucharadas de perejil picado

Direcciones:
1. En un molde para hornear, combine las remolachas con el aceite y los demás ingredientes, mezcle, introduzca en el horno y hornee a 400 grados F durante 30 minutos.
2. Divida la mezcla entre platos y sirva.

Nutrición: calorías 230, grasa 11, fibra 4.2, carbohidratos 7.3, proteína 3.6

Tomates Menta y Maíz

Tiempo de preparación: 5 minutos.
Tiempo de cocción: 0 minutos.
Porciones: 4

Ingredientes:
- 2 cucharadas de menta picada
- 1 libra de tomates, cortados en gajos
- 2 tazas de maíz
- 2 cucharadas de aceite de oliva
- 1 cucharada de vinagre de romero
- Una pizca de pimienta negra

Direcciones:
1. En una ensaladera, combine los tomates con el elote y los demás ingredientes, mezcle y sirva.

¡Disfrutar!

Nutrición: calorías 230, grasa 7.2, fibra 2, carbohidratos 11.6, proteína 4

Salsa de Calabacín y Aguacate

Tiempo de preparación: 5 minutos.
Tiempo de cocción: 10 minutos.
Porciones: 4

Ingredientes:
- 2 cucharadas de aceite de oliva
- 2 calabacines, en cubos
- 1 aguacate, pelado, sin hueso y en cubos
- 2 tomates, en cubos
- 1 pepino en cubos
- 1 cebolla amarilla picada
- 2 cucharadas de jugo de lima fresco
- 2 cucharadas de cilantro picado

Direcciones:
1. Calienta una sartén con el aceite a fuego medio, agrega la cebolla y los calabacines, revuelve y cocina por 5 minutos.
2. Agrega el resto de los ingredientes, mezcla, cocina por 5 minutos más, divide en platos y sirve.

Nutrición: calorías 290, grasa 11.2, fibra 6.1, carbohidratos 14.7, proteína 5.6

Mezcla de manzanas y repollo

Tiempo de preparación: 5 minutos.
Tiempo de cocción: 0 minutos.
Porciones: 4

Ingredientes:
- 2 manzanas verdes, sin corazón y en cubos
- 1 repollo morado, rallado
- 2 cucharadas de vinagre balsámico
- ½ cucharadita de semillas de alcaravea
- 2 cucharadas de aceite de oliva
- Pimienta negra al gusto

Direcciones:
1. En un tazón, combine el repollo con las manzanas y los otros ingredientes, mezcle y sirva como ensalada.

Nutrición: calorías 165, grasa 7.4, fibra 7.3, carbohidratos 26, proteína 2.6

Remolacha asada

Tiempo de preparación: 10 minutos.
Tiempo de cocción: 30 minutos.
Porciones: 4

Ingredientes:
- 4 remolachas, peladas y cortadas en gajos
- 2 cucharadas de aceite de oliva
- 2 dientes de ajo picados
- Una pizca de pimienta negra
- ¼ taza de perejil picado
- ¼ de taza de nueces picadas

Direcciones:
1. En una fuente para hornear, combine las remolachas con el aceite y los demás ingredientes, mezcle para cubrir, introduzca en el horno a 420 grados F, hornee por 30 minutos, divida en platos y sirva como guarnición.

Nutrición: calorías 156, grasa 11.8, fibra 2.7, carbohidratos 11.5, proteína 3.8

Repollo al eneldo

Tiempo de preparación: 10 minutos.
Tiempo de cocción: 15 minutos.
Porciones: 4

Ingredientes:
- 1 libra de repollo verde, rallado
- 1 cebolla amarilla picada
- 1 tomate en cubos
- 1 cucharada de eneldo picado
- Una pizca de pimienta negra
- 1 cucharada de aceite de oliva

Direcciones:
1. Calienta una sartén con el aceite a fuego medio, agrega la cebolla y sofríe por 5 minutos.
2. Agrega la col y el resto de los ingredientes, revuelve, cocina a fuego medio por 10 minutos, divide en platos y sirve.

Nutrición: calorías 74, grasa 3.7, fibra 3.7, carbohidratos 10.2, proteína 2.1

Ensalada de repollo y zanahoria

Tiempo de preparación: 5 minutos.
Tiempo de cocción: 0 minutos.
Porciones: 4

Ingredientes:
- 2 chalotas picadas
- 2 zanahorias ralladas
- 1 repollo morado grande, rallado
- 1 cucharada de aceite de oliva
- 1 cucharada de vinagre rojo
- Una pizca de pimienta negra
- 1 cucharada de jugo de lima

Direcciones:
1. En un bol, mezcle el repollo con las chalotas y los demás ingredientes, mezcle y sirva como guarnición.

Nutrición: calorías 106, grasa 3.8, fibra 6.5, carbohidratos 18, proteína 3.3

Salsa de Tomate y Aceitunas

Tiempo de preparación: 10 minutos.
Tiempo de cocción: 0 minutos.
Porciones: 6

Ingredientes:
- 1 libra de tomates cherry, cortados por la mitad
- 2 cucharadas de aceite de oliva
- 1 taza de aceitunas kalamata, sin hueso y cortadas por la mitad
- Una pizca de pimienta negra
- 1 cebolla morada picada
- 1 cucharada de vinagre balsámico
- ¼ de taza de cilantro picado

Direcciones:
1. En un bol, mezcle los tomates con las aceitunas y los demás ingredientes, mezcle y sirva como guarnición.

Nutrición: calorías 131, grasa 10.9, fibra 3.1, carbohidratos 9.2, proteína 1.6

Ensalada de calabacín

Tiempo de preparación: 4 minutos.
Tiempo de cocción: 0 minutos.
Porciones: 4

Ingredientes:
- 2 calabacines, cortados con espiral
- 1 cebolla morada en rodajas
- 1 cucharada de pesto de albahaca
- 1 cucharada de jugo de limón
- 1 cucharada de aceite de oliva
- ½ taza de cilantro picado
- Pimienta negra al gusto

Direcciones:
1. En una ensaladera, mezcle los calabacines con la cebolla y los demás ingredientes, mezcle y sirva.

Nutrición: calorías 58, grasa 3.8, fibra 1.8, carbohidratos 6, proteína 1.6

Ensalada De Zanahorias Al Curry

Tiempo de preparación: 4 minutos.
Tiempo de cocción: 0 minutos.
Porciones: 4

Ingredientes:
- 1 libra de zanahorias, peladas y ralladas
- 2 cucharadas de aceite de aguacate
- 2 cucharadas de jugo de limón
- 3 cucharadas de ajonjolí
- ½ cucharadita de curry en polvo
- 1 cucharadita de romero seco
- ½ cucharadita de comino, molido

Direcciones:
1. En un bol, mezcle las zanahorias con el aceite, el jugo de limón y los demás ingredientes, mezcle y sirva frío como guarnición.

Nutrición: calorías 99, grasa 4.4, fibra 4.2, carbohidratos 13.7, proteína 2.4

Ensalada de lechuga y remolacha

Tiempo de preparación: 5 minutos.
Tiempo de cocción: 0 minutos.
Porciones: 4

Ingredientes:
- 1 cucharada de jengibre rallado
- 2 dientes de ajo picados
- 4 tazas de lechuga romana, cortada
- 1 remolacha, pelada y rallada
- 2 cebollas verdes picadas
- 1 cucharada de vinagre balsámico
- 1 cucharada de ajonjolí

Direcciones:
1. En un bol, combine la lechuga con el jengibre, el ajo y los demás ingredientes, mezcle y sirva como guarnición.

Nutrición: calorías 42, grasa 1.4, fibra 1.5, carbohidratos 6.7, proteína 1.4

Rábanos con hierbas

Tiempo de preparación: 5 minutos.
Tiempo de cocción: 0 minutos.
Porciones: 4

Ingredientes:
- 1 libra de rábanos rojos, cortados en cubos
- 1 cucharada de cebollino picado
- 1 cucharada de perejil picado
- 1 cucharada de orégano picado
- 2 cucharadas de aceite de oliva
- 1 cucharada de jugo de lima
- Pimienta negra al gusto

Direcciones:
1. En una ensaladera, mezcle los rábanos con el cebollino y los demás ingredientes, mezcle y sirva.

Nutrición: calorías 85, grasa 7.3, fibra 2.4, carbohidratos 5.6, proteína 1

Mezcla de hinojo al horno

Tiempo de preparación: 5 minutos.
Tiempo de cocción: 20 minutos.
Porciones: 4

Ingredientes:
- 2 bulbos de hinojo, en rodajas
- 1 cucharadita de pimentón dulce
- 1 cebolla morada pequeña, en rodajas
- 2 cucharadas de aceite de oliva
- 2 cucharadas de jugo de lima
- 2 cucharadas de eneldo picado
- Pimienta negra al gusto

Direcciones:
1. En una fuente para asar, combine el hinojo con el pimentón y los otros ingredientes, mezcle y hornee a 380 grados F durante 20 minutos.
2. Divida la mezcla entre platos y sirva.

Nutrición: calorías 114, grasa 7.4, fibra 4.5, carbohidratos 13.2, proteína 2.1

Morrones asados

Tiempo de preparación: 10 minutos.
Tiempo de cocción: 30 minutos.
Porciones: 4

Ingredientes:
- 1 libra de pimientos morrones mixtos, cortados en gajos
- 1 cebolla morada, finamente rebanada
- 2 cucharadas de aceite de oliva
- Pimienta negra al gusto
- 1 cucharada de orégano picado
- 2 cucharadas de hojas de menta picadas

Direcciones:
1. En una fuente para asar, combine los pimientos morrones con la cebolla y los otros ingredientes, mezcle y hornee a 380 grados F durante 30 minutos.
2. Divida la mezcla entre platos y sirva.

Nutrición: calorías 240, grasa 8.2, fibra 4.2, carbohidratos 11.3, proteína 5.6

Salteado de dátiles y repollo

Tiempo de preparación: 5 minutos.
Tiempo de cocción: 15 minutos.
Porciones: 4

Ingredientes:
- 1 libra de col lombarda, rallada
- 8 dátiles, sin hueso y en rodajas
- 2 cucharadas de aceite de oliva
- ¼ de taza de caldo de verduras bajo en sodio
- 2 cucharadas de cebolletas picadas
- 2 cucharadas de jugo de limón
- Pimienta negra al gusto

Direcciones:
1. Calentar una sartén con el aceite a fuego medio, agregar la col y los dátiles, remover y cocinar por 4 minutos.
2. Agrega el caldo y los demás ingredientes, revuelve, cocina a fuego medio por 11 minutos más, divide en platos y sirve.

Nutrición: calorías 280, grasa 8.1, fibra 4.1, carbohidratos 8.7, proteína 6.3

Mezcla de frijoles negros

Tiempo de preparación: 4 minutos.
Tiempo de cocción: 0 minutos.
Porciones: 4

Ingredientes:
- 3 tazas de frijoles negros enlatados, sin sal agregada, escurridos y enjuagados
- 1 taza de tomates cherry, cortados por la mitad
- 2 chalotas picadas
- 3 cucharadas de aceite de oliva
- 1 cucharada de vinagre balsámico
- Pimienta negra al gusto
- 1 cucharada de cebollino picado

Direcciones:
1. En un bol, combine los frijoles con los tomates y los demás ingredientes, mezcle y sirva frío como guarnición.

Nutrición: calorías 310, grasa 11.0, fibra 5.3, carbohidratos 19.6, proteína 6.8

Mix de Aceitunas y Endivias

Tiempo de preparación: 4 minutos.
Tiempo de cocción: 0 minutos.
Porciones: 4

Ingredientes:
- 2 cebolletas picadas
- 2 endivias, ralladas
- 1 taza de aceitunas negras, sin hueso y en rodajas
- ½ taza de aceitunas kalamata, sin hueso y en rodajas
- ¼ taza de vinagre de sidra de manzana
- 2 cucharadas de aceite de oliva
- 1 cucharada de cilantro picado

Direcciones:
1. En un bol mezclar las endivias con las aceitunas y el resto de ingredientes, mezclar y servir.

Nutrición: calorías 230, grasa 9.1, fibra 6.3, carbohidratos 14.6, proteína 7.2

Ensalada de tomates y pepino

Tiempo de preparación: 5 minutos.
Tiempo de cocción: 0 minutos.
Porciones: 4

Ingredientes:
- ½ libra de tomates, en cubos
- 2 pepinos, en rodajas
- 1 cucharada de aceite de oliva
- 2 cebolletas picadas
- Pimienta negra al gusto
- Zumo de 1 lima
- ½ taza de albahaca picada

Direcciones:
1. En una ensaladera, combine los tomates con el pepino y los demás ingredientes, mezcle y sirva frío.

Nutrición: calorías 224, grasa 11.2, fibra 5.1, carbohidratos 8.9, proteína 6.2

Ensalada De Pimientos Y Zanahoria

Tiempo de preparación: 5 minutos.
Tiempo de cocción: 0 minutos.
Porciones: 4

Ingredientes:
- 1 taza de tomates cherry, cortados por la mitad
- 1 pimiento amarillo picado
- 1 pimiento rojo picado
- 1 pimiento verde picado
- ½ libra de zanahorias, ralladas
- 3 cucharadas de vinagre de vino tinto
- 2 cucharadas de aceite de oliva
- 1 cucharada de cilantro picado
- Pimienta negra al gusto

Direcciones:
1. En una ensaladera, mezcle los tomates con los pimientos, las zanahorias y los demás ingredientes, mezcle y sirva como guarnición.

Nutrición: calorías 123, grasa 4, fibra 8.4, carbohidratos 14.4, proteína 1.1

Mezcla de Frijoles Negros y Arroz

Tiempo de preparación: 10 minutos.
Tiempo de cocción: 30 minutos.
Porciones: 4

Ingredientes:
- 2 cucharadas de aceite de oliva
- 1 cebolla amarilla picada
- 1 taza de frijoles negros enlatados, sin sal agregada, escurridos y enjuagados
- 2 tazas de arroz negro
- 4 tazas de caldo de pollo bajo en sodio
- 2 cucharadas de tomillo picado
- Ralladura de ½ limón rallada
- Una pizca de pimienta negra

Direcciones:
1. Calienta una sartén con el aceite a fuego medio-alto, agrega la cebolla, revuelve y sofríe por 4 minutos.
2. Agrega los frijoles, el arroz y los demás ingredientes, revuelve, lleva a ebullición y cocina a fuego medio durante 25 minutos.
3. Revuelva la mezcla, divida en platos y sirva.

Nutrición: calorías 290, grasa 15.3, fibra 6.2, carbohidratos 14.6, proteína 8

Mezcla de arroz y coliflor

Tiempo de preparación: 10 minutos.
Tiempo de cocción: 25 minutos.
Porciones: 4

Ingredientes:
- 1 taza de floretes de coliflor
- 1 taza de arroz blanco
- 2 tazas de caldo de pollo bajo en sodio
- 1 cucharada de aceite de aguacate
- 2 chalotas picadas
- ¼ de taza de arándanos
- ½ taza de almendras en rodajas

Direcciones:
1. Calienta una sartén con el aceite a fuego medio, agrega las chalotas, revuelve y sofríe por 5 minutos.
2. Agrega la coliflor, el arroz y los demás ingredientes, revuelve, lleva a fuego lento y cocina a fuego medio durante 20 minutos.
3. Divida la mezcla entre platos y sirva.

Nutrición: calorías 290, grasa 15.1, fibra 5.6, carbohidratos 7, proteína 4.5

Mezcla de frijoles balsámicos

Tiempo de preparación: 10 minutos.
Tiempo de cocción: 0 minutos.
Porciones: 4

Ingredientes:
- 2 tazas de frijoles negros enlatados, sin sal agregada, escurridos y enjuagados
- 2 tazas de frijoles blancos enlatados, sin sal agregada, escurridos y enjuagados
- 2 cucharadas de vinagre balsámico
- 2 cucharadas de aceite de oliva
- 1 cucharadita de orégano seco
- 1 cucharadita de albahaca seca
- 1 cucharada de cebollino picado

Direcciones:
1. En una ensaladera, combine los frijoles con el vinagre y los otros ingredientes, mezcle y sirva como ensalada.

Nutrición: calorías 322, grasa 15.1, fibra 10, carbohidratos 22.0, proteína 7

Remolacha Cremosa

Tiempo de preparación: 5 minutos.
Tiempo de cocción: 20 minutos.
Porciones: 4

Ingredientes:
- 1 libra de remolacha, pelada y en cubos
- 1 cebolla morada picada
- 1 cucharada de aceite de oliva
- ½ taza de crema de coco
- 4 cucharadas de yogur descremado
- 1 cucharada de cebollino picado

Direcciones:
1. Calienta una sartén con el aceite a fuego medio, agrega la cebolla, revuelve y sofríe por 4 minutos.
2. Agrega la remolacha, la crema y los demás ingredientes, revuelve, cocina a fuego medio por 15 minutos más, divide en platos y sirve.

Nutrición: calorías 250, grasa 13.4, fibra 3, carbohidratos 13.3, proteína 6.4

Mezcla de aguacate y pimientos morrones

Tiempo de preparación: 10 minutos.
Tiempo de cocción: 14 minutos.
Porciones: 4

Ingredientes:
- 1 cucharada de aceite de aguacate
- 1 cucharadita de pimentón dulce
- 1 libra de pimientos morrones mezclados, cortados en tiras
- 1 aguacate, pelado, sin hueso y cortado a la mitad
- 1 cucharadita de ajo en polvo
- 1 cucharadita de romero seco
- ½ taza de caldo de verduras bajo en sodio
- Pimienta negra al gusto

Direcciones:
1. Calentar una sartén con el aceite a fuego medio-alto, agregar todos los pimientos morrones, remover y sofreír por 5 minutos.
2. Agrega el resto de los ingredientes, revuelve, cocina por 9 minutos más a fuego medio, divide entre platos y sirve.

Nutrición: calorías 245, grasa 13.8, fibra 5, carbohidratos 22.5, proteína 5.4

Camote y remolacha asados

Tiempo de preparación: 10 minutos.
Tiempo de cocción: 1 hora.
Porciones: 4

Ingredientes:
- 3 cucharadas de aceite de oliva
- 2 batatas, peladas y cortadas en gajos
- 2 remolachas, peladas y cortadas en gajos
- 1 cucharada de orégano picado
- 1 cucharada de jugo de lima
- Pimienta negra al gusto

Direcciones:
1. Colocar las batatas y las remolachas en una bandeja para hornear forrada, agregar el resto de los ingredientes, mezclar, introducir en el horno y hornear a 375 grados F durante 1 hora /
2. Dividir entre platos y servir como guarnición.

Nutrición: calorías 240, grasa 11.2, fibra 4, carbohidratos 8.6, proteína 12.1

Kale Salteado

Tiempo de preparación: 10 minutos.
Tiempo de cocción: 15 minutos.
Porciones: 4

Ingredientes:
- 2 cucharadas de aceite de oliva
- 3 cucharadas de aminoácidos de coco
- 1 libra de col rizada, desgarrada
- 1 cebolla morada picada
- 2 dientes de ajo picados
- 1 cucharada de jugo de lima
- 1 cucharada de cilantro picado

Direcciones:
1. Calentar una sartén con el aceite de oliva a fuego medio, agregar la cebolla y el ajo y sofreír por 5 minutos.
2. Agrega la col rizada y los demás ingredientes, revuelve, cocina a fuego medio durante 10 minutos, divide en platos y sirve.

Nutrición: calorías 200, grasa 7.1, fibra 2, carbohidratos 6.4, proteína 6

Zanahorias especiadas

Tiempo de preparación: 10 minutos.
Tiempo de cocción: 20 minutos.
Porciones: 4

Ingredientes:
- 1 cucharada de jugo de limón
- 1 cucharada de aceite de oliva
- ½ cucharadita de pimienta de Jamaica, molida
- ½ cucharadita de comino, molido
- ½ cucharadita de nuez moscada molida
- 1 libra de zanahorias pequeñas, cortadas
- 1 cucharada de romero picado
- Pimienta negra al gusto

Direcciones:
1. En una fuente para asar, combine las zanahorias con el jugo de limón, el aceite y los demás ingredientes, mezcle, introduzca en el horno y hornee a 400 grados F por 20 minutos.
2. Dividir en platos y servir.

Nutrición: calorías 260, grasa 11.2, fibra 4.5, carbohidratos 8.3, proteína 4.3

Alcachofas al limón

Tiempo de preparación: 10 minutos.
Tiempo de cocción: 20 minutos.
Porciones: 4

Ingredientes:
- 2 cucharadas de jugo de limón
- 4 alcachofas, cortadas y cortadas por la mitad
- 1 cucharada de eneldo picado
- 2 cucharadas de aceite de oliva
- Una pizca de pimienta negra

Direcciones:
1. En una fuente para asar, combine las alcachofas con el jugo de limón y los otros ingredientes, mezcle suavemente y hornee a 400 grados F por 20 minutos, divida entre platos y sirva.

Nutrición: calorías 140, grasa 7.3, fibra 8.9, carbohidratos 17.7, proteína 5.5

Brócoli, Frijoles y Arroz

Tiempo de preparación: 10 minutos.
Tiempo de cocción: 30 minutos.
Porciones: 4

Ingredientes:
- 1 taza de floretes de brócoli, picados
- 1 taza de frijoles negros enlatados, sin sal agregada, escurridos
- 1 taza de arroz blanco
- 2 tazas de caldo de pollo bajo en sodio
- 2 cucharaditas de pimentón dulce
- Pimienta negra al gusto

Direcciones:
1. Poner el caldo en una olla, calentar a fuego medio, agregar el arroz y los demás ingredientes, remover, llevar a ebullición y cocinar por 30 minutos removiendo de vez en cuando.
2. Divida la mezcla entre platos y sirva como guarnición.

Nutrición: calorías 347, grasa 1.2, fibra 9, carbohidratos 69.3, proteína 15.1

Mezcla de calabaza al horno

Tiempo de preparación: 10 minutos.
Tiempo de cocción: 45 minutos.
Porciones: 4

Ingredientes:
- 2 cucharadas de aceite de oliva
- 2 libras de calabaza, pelada y cortada en gajos
- 1 cucharada de jugo de limón
- 1 cucharadita de chile en polvo
- 1 cucharadita de ajo en polvo
- 2 cucharaditas de cilantro picado
- Una pizca de pimienta negra

Direcciones
1. En una fuente para asar, combine la calabaza con el aceite y los demás ingredientes, mezcle suavemente, hornee en el horno a 400 grados F durante 45 minutos, divida entre platos y sirva como guarnición.

Nutrición: calorías 167, grasa 7.4, fibra 4.9, carbohidratos 27.5, proteína 2.5

Espárragos cremosos

Tiempo de preparación: 5 minutos.
Tiempo de cocción: 20 minutos.
Porciones: 4

Ingredientes:
- ½ cucharadita de nuez moscada molida
- 1 libra de espárragos, cortados y cortados por la mitad
- 1 taza de crema de coco
- 1 cebolla amarilla picada
- 2 cucharadas de aceite de oliva
- 1 cucharada de jugo de lima
- 1 cucharada de cilantro picado

Direcciones:
1. Calentar una sartén con el aceite a fuego medio, agregar la cebolla y la nuez moscada, remover y sofreír por 5 minutos.
2. Agrega los espárragos y los demás ingredientes, revuelve, lleva a fuego lento y cocina a fuego medio durante 15 minutos.
3. Dividir en platos y servir.

Nutrición: calorías 236, grasa 21.6, fibra 4.4, carbohidratos 11.4, proteína 4.2

Mezcla de nabos de albahaca

Tiempo de preparación: 10 minutos.
Tiempo de cocción: 15 minutos.
Porciones: 4

Ingredientes:
- 1 cucharada de aceite de aguacate
- 4 nabos en rodajas
- ¼ taza de albahaca picada
- Pimienta negra al gusto
- ¼ de taza de caldo de verduras bajo en sodio
- ½ taza de nueces picadas
- 2 dientes de ajo picados

Direcciones:
1. Calentar una sartén con el aceite a fuego medio-alto, agregar el ajo y los nabos y dorar por 5 minutos.
2. Agrega el resto de los ingredientes, mezcla, cocina por 10 minutos más, divide en platos y sirve.

Nutrición: calorías 140, grasa 9.7, fibra 3.3, carbohidratos 10.5, proteína 5

Mezcla de Arroz y Alcaparras

Tiempo de preparación: 10 minutos.
Tiempo de cocción: 20 minutos.
Porciones: 4

Ingredientes:
- 1 taza de arroz blanco
- 1 cucharada de alcaparras picadas
- 2 tazas de caldo de pollo bajo en sodio
- 1 cebolla morada picada
- 1 cucharada de aceite de aguacate
- 1 cucharada de cilantro picado
- 1 cucharadita de pimentón dulce

Direcciones:
1. Calienta una sartén con el aceite a fuego medio-alto, agrega la cebolla, revuelve y sofríe por 5 minutos.
2. Agregue el arroz, las alcaparras y los demás ingredientes, mezcle, cocine a fuego lento y cocine por 15 minutos.
3. Divida la mezcla entre platos y sirva como guarnición.

Nutrición: calorías 189, grasa 0.9, fibra 1.6, carbohidratos 40.2, proteína 4.3

Mezcla de espinacas y col rizada

Tiempo de preparación: 5 minutos.
Tiempo de cocción: 15 minutos.
Porciones: 4

Ingredientes:
- 2 tazas de espinacas tiernas
- 5 tazas de col rizada, desgarrada
- 2 chalotas picadas
- 2 dientes de ajo picados
- 1 taza de tomates enlatados, sin sal agregada, picados
- 1 cucharada de aceite de oliva

Direcciones:
1. Calentar una sartén con el aceite a fuego medio-alto, agregar las chalotas, remover y sofreír por 5 minutos.
2. Agrega la espinaca, la col rizada y los demás ingredientes, revuelve, cocina por 10 minutos más, divide en platos y sirve como guarnición.

Nutrición: calorías 89, grasa 3.7, fibra 2.2, carbohidratos 12.4, proteína 3.6

Salteado De Mostaza

Tiempo de preparación: 10 minutos.
Tiempo de cocción: 12 minutos.
Porciones: 4

Ingredientes:
- 6 tazas de hojas de mostaza
- 2 cucharadas de aceite de oliva
- 2 cebolletas picadas
- ½ taza de crema de coco
- 2 cucharadas de pimentón dulce
- Pimienta negra al gusto

Direcciones:
1. Calentar una sartén con el aceite a fuego medio-alto, agregar la cebolla, el pimentón y la pimienta negra, remover y sofreír por 3 minutos.
2. Agregue las hojas de mostaza y los demás ingredientes, mezcle, cocine por 9 minutos más, divida entre platos y sirva como guarnición.

Nutrición: calorías 163, grasa 14.8, fibra 4.9, carbohidratos 8.3, proteína 3.6

Mezcla de Bok Choy

Tiempo de preparación: 10 minutos.
Tiempo de cocción: 12 minutos.
Porciones: 4

Ingredientes:
- 1 cucharada de aceite de aguacate
- 1 cucharada de vinagre balsámico
- 1 cebolla amarilla picada
- 1 libra de bok choy, desgarrado
- 1 cucharadita de comino, molido
- 1 cucharada de aminoácidos de coco
- ¼ de taza de caldo de verduras bajo en sodio
- Pimienta negra al gusto

Direcciones:
1. Calienta una sartén con el aceite a fuego medio-alto, agrega la cebolla, el comino y la pimienta negra, revuelve y cocina por 3 minutos.
2. Agregue el bok choy y los demás ingredientes, mezcle, cocine por 8-9 minutos más, divida entre platos y sirva como guarnición.

Nutrición: calorías 38, grasa 0.8, fibra 2, carbohidratos 6.5, proteína 2.2

Mezcla de judías verdes y berenjenas

Tiempo de preparación: 4 minutos.
Tiempo de cocción: 40 minutos.
Porciones: 4

Ingredientes:
- 1 libra de judías verdes, cortadas y cortadas por la mitad
- 1 berenjena pequeña, cortada en trozos grandes
- 1 cebolla amarilla picada
- 2 cucharadas de aceite de oliva
- 2 cucharadas de jugo de lima
- 1 cucharadita de pimentón ahumado
- ¼ de taza de caldo de verduras bajo en sodio
- Pimienta negra al gusto
- ½ cucharadita de orégano seco

Direcciones:
1. En una fuente para asar, combine las judías verdes con la berenjena y los demás ingredientes, mezcle, introduzca en el horno, hornee a 390 grados F durante 40 minutos, divida entre platos y sirva como guarnición.

Nutrición: calorías 141, grasa 7.5, fibra 8.9, carbohidratos 19, proteína 3.7

Mix de Aceitunas y Alcachofas

Tiempo de preparación: 5 minutos.
Tiempo de enfriamiento: 0 minutos
Porciones: 4

Ingredientes:
- 10 onzas de corazones de alcachofa enlatados, sin sal agregada, escurridos y cortados por la mitad
- 1 taza de aceitunas negras, sin hueso y en rodajas
- 1 cucharada de alcaparras, escurridas
- 1 taza de aceitunas verdes, sin hueso y en rodajas
- 1 cucharada de perejil picado
- Pimienta negra al gusto
- 2 cucharadas de aceite de oliva
- 2 cucharadas de vinagre de vino tinto
- 1 cucharada de cebollino picado

Direcciones:
1. En una ensaladera, combine las alcachofas con las aceitunas y los demás ingredientes, mezcle y sirva como guarnición.

Nutrición: calorías 138, grasa 11, fibra 5.1, carbohidratos 10, proteína 2.7

Dip de pimientos con cúrcuma

Tiempo de preparación: 4 minutos.
Tiempo de cocción: 0 minutos.
Porciones: 4

Ingredientes:
- 1 cucharadita de cúrcuma en polvo
- 1 taza de crema de coco
- 14 onzas de pimientos rojos, sin sal agregada, picados
- Jugo de ½ limón
- 1 cucharada de cebollino picado

Direcciones:
1. En su licuadora, combine los pimientos con la cúrcuma y los demás ingredientes excepto el cebollino, pulse bien, divida en tazones y sirva como bocadillo con el cebollino espolvoreado por encima.

Nutrición: calorías 183, grasa 14,9, fibra 3. carbohidratos 12,7, proteína 3,4

Crema de lentejas

Tiempo de preparación: 5 minutos.
Tiempo de cocción: 0 minutos.
Porciones: 4

Ingredientes:
- 14 onzas de lentejas enlatadas, escurridas, sin sal agregada, enjuagadas
- Jugo de 1 limón
- 2 dientes de ajo picados
- 2 cucharadas de aceite de oliva
- ½ taza de cilantro picado

Direcciones:
1. En una licuadora, combine las lentejas con el aceite y los demás ingredientes, licúe bien, divida en tazones y sirva como untable de fiesta.

Nutrición: calorías 416, grasa 8.2, fibra 30.4, carbohidratos 60.4, proteína 25.8

Nueces tostadas

Tiempo de preparación: 5 minutos.
Tiempo de cocción: 15 minutos.
Porciones: 8

Ingredientes:
- ½ cucharadita de pimentón ahumado
- ½ cucharadita de chile en polvo
- ½ cucharadita de ajo en polvo
- 1 cucharada de aceite de aguacate
- Una pizca de pimienta de cayena
- 14 onzas de nueces

Direcciones:
1. Extienda las nueces en una bandeja para hornear forrada, agregue el pimentón y los otros ingredientes, mezcle y hornee a 410 grados F durante 15 minutos.
2. Dividir en tazones y servir como refrigerio.

Nutrición: calorías 311, grasa 29.6, fibra 3.6, carbohidratos 5.3, proteína 12

Cuadrados de arándano

Tiempo de preparación: 3 horas y 5 minutos

Tiempo de cocción: 0 minutos.
Porciones: 4

Ingredientes:
- 2 onzas de crema de coco
- 2 cucharadas de copos de avena
- 2 cucharadas de coco rallado
- 1 taza de arándanos

Direcciones:
1. En una licuadora, combine la avena con los arándanos y los demás ingredientes, presione bien y extienda en un molde cuadrado.

Córtalos en cuadritos y guárdalos en el frigorífico durante 3 horas antes de servir.

Nutrición: calorías 66, grasa 4.4, fibra 1.8, carbohidratos 5.4, proteína 0.8

Barritas de coliflor

Tiempo de preparación: 10 minutos.
Tiempo de cocción: 30 minutos.
Porciones: 8

Ingredientes:
- 2 tazas de harina integral
- 2 cucharaditas de polvo de hornear
- Una pizca de pimienta negra
- 2 huevos batidos
- 1 taza de leche de almendras
- 1 taza de floretes de coliflor, picados
- ½ taza de queso cheddar bajo en grasa, rallado

Direcciones:
1. En un bol, combine la harina con la coliflor y los demás ingredientes y revuelva bien.
2. Extienda en una bandeja para hornear, introduzca en el horno, hornee a 400 grados F durante 30 minutos, corte en barras y sirva como bocadillo.

Nutrición: calorías 430, grasa 18.1, fibra 3.7, carbohidratos 54, proteína 14.5

Tazones de Semillas y Almendras

Tiempo de preparación: 5 minutos.
Tiempo de cocción: 10 minutos.
Porciones: 4

Ingredientes:
- 2 tazas de almendras
- ¼ de taza de coco rallado
- 1 mango, pelado y cortado en cubos
- 1 taza de pipas de girasol
- Spray para cocinar

Direcciones:
1. Extienda las almendras, coco, mango y semillas de girasol en una bandeja para hornear, engrase con aceite en aerosol, mezcle y hornee a 400 grados F durante 10 minutos.
2. Dividir en tazones y servir como refrigerio.

Nutrición: calorías 411, grasa 31,8, fibra 8,7, carbohidratos 25,8, proteína 13,3

Patatas fritas

Tiempo de preparación: 10 minutos.
Tiempo de cocción: 20 minutos.
Porciones: 4

Ingredientes:
- 4 papas doradas, peladas y en rodajas finas
- 2 cucharadas de aceite de oliva
- 1 cucharada de chile en polvo
- 1 cucharadita de pimentón dulce
- 1 cucharada de cebollino picado

Direcciones:
1. Extienda las papas fritas en una bandeja para hornear forrada, agregue el aceite y los demás ingredientes, mezcle, introduzca en el horno y hornee a 390 grados F durante 20 minutos.
2. Dividir en tazones y servir.

Nutrición: calorías 118, grasa 7.4, fibra 2.9, carbohidratos 13.4, proteína 1.3

Dip de col rizada

Tiempo de preparación: 10 minutos.
Tiempo de cocción: 20 minutos.
Porciones: 4

Ingredientes:
- 1 manojo de hojas de col rizada
- 1 taza de crema de coco
- 1 chalota picada
- 1 cucharada de aceite de oliva
- 1 cucharadita de chile en polvo
- Una pizca de pimienta negra

Direcciones:
1. Calienta una sartén con el aceite a fuego medio, agrega las chalotas, revuelve y sofríe por 4 minutos.
2. Agrega la col rizada y los demás ingredientes, lleva a fuego lento y cocina a fuego medio durante 16 minutos.
3. Licue con una licuadora de inmersión, divida en tazones y sirva como bocadillo.

Nutrición: calorías 188, grasa 17,9, fibra 2,1, carbohidratos 7,6, proteína 2,5

Chips de remolacha

Tiempo de preparación: 10 minutos.
Tiempo de cocción: 35 minutos.
Porciones: 4

Ingredientes:
- 2 remolachas, peladas y en rodajas finas
- 1 cucharada de aceite de aguacate
- 1 cucharadita de comino, molido
- 1 cucharadita de semillas de hinojo, trituradas
- 2 cucharaditas de ajo picado

Direcciones:
1. Extienda los chips de remolacha en una bandeja para hornear forrada, agregue el aceite y los demás ingredientes, mezcle, introduzca en el horno y hornee a 400 grados F durante 35 minutos.
2. Dividir en tazones y servir como refrigerio.

Nutrición: calorías 32, grasa 0.7, fibra 1.4, carbohidratos 6.1, proteína 1.1

Dip de calabacín

Tiempo de preparación: 5 minutos.
Tiempo de cocción: 10 minutos.
Porciones: 4

Ingredientes:
- ½ taza de yogur descremado
- 2 calabacines picados
- 1 cucharada de aceite de oliva
- 2 cebolletas picadas
- ¼ de taza de caldo de verduras bajo en sodio
- 2 dientes de ajo picados
- 1 cucharada de eneldo picado
- Una pizca de nuez moscada molida

Direcciones:
1. Calentar una sartén con el aceite a fuego medio, agregar la cebolla y el ajo, remover y sofreír por 3 minutos.
2. Agrega los calabacines y el resto de ingredientes excepto el yogur, revuelve, cocina por 7 minutos más y retira del fuego.
3. Agrega el yogur, licúa con una licuadora de inmersión, divide en tazones y sirve.

Nutrición: calorías 76, grasa 4.1, fibra 1.5, carbohidratos 7.2, proteína 3.4

Semillas y mezcla de manzana

Tiempo de preparación: 10 minutos.
Tiempo de cocción: 20 minutos.
Porciones: 4

Ingredientes:
- 2 cucharadas de aceite de oliva
- 1 cucharadita de pimentón ahumado
- 1 taza de pipas de girasol
- 1 taza de semillas de chía
- 2 manzanas, sin corazón y cortadas en gajos
- ½ cucharadita de comino, molido
- Una pizca de pimienta de cayena

Direcciones:
1. En un tazón, combine las semillas con las manzanas y los demás ingredientes, mezcle, extienda en una bandeja para hornear forrada, introduzca en el horno y hornee a 350 grados F durante 20 minutos.
2. Dividir en tazones y servir como refrigerio.

Nutrición: calorías 222, grasa 15.4, fibra 6.4, carbohidratos 21.1, proteína 4

Crema de calabaza

Tiempo de preparación: 5 minutos.
Tiempo de cocción: 0 minutos.
Porciones: 4

Ingredientes:
- 2 tazas de pulpa de calabaza
- ½ taza de semillas de calabaza
- 1 cucharada de jugo de limón
- 1 cucharada de pasta de ajonjolí
- 1 cucharada de aceite de oliva

Direcciones:
1. En una licuadora, combine la calabaza con las semillas y los demás ingredientes, presione bien, divida en tazones y sirva una fiesta para untar.

Nutrición: calorías 162, grasa 12,7, fibra 2,3, carbohidratos 9,7, proteína 5,5

Crema de espinacas

Tiempo de preparación: 10 minutos.
Tiempo de cocción: 20 minutos.
Porciones: 4

Ingredientes:
- 1 libra de espinaca picada
- 1 taza de crema de coco
- 1 taza de mozzarella descremada, rallada
- Una pizca de pimienta negra
- 1 cucharada de eneldo picado

Direcciones:
1. En un molde para hornear, combine las espinacas con la crema y los demás ingredientes, revuelva bien, introduzca en el horno y hornee a 400 grados F por 20 minutos.
2. Dividir en tazones y servir.

Nutrición: calorías 186, grasa 14.8, fibra 4.4, carbohidratos 8.4, proteína 8.8

Salsa de Aceitunas y Cilantro

Tiempo de preparación: 5 minutos.
Tiempo de cocción: 0 minutos.
Porciones: 4

Ingredientes:
- 1 cebolla morada picada
- 1 taza de aceitunas negras, sin hueso y cortadas por la mitad
- 1 pepino en cubos
- ¼ de taza de cilantro picado
- Una pizca de pimienta negra
- 2 cucharadas de jugo de lima

Direcciones:
1. En un bol, combine las aceitunas con el pepino y el resto de ingredientes, mezcle y sirva frío como botana.

Nutrición: calorías 64, grasa 3.7, fibra 2.1, carbohidratos 8.4, proteína 1.1

Dip de cebollino y remolacha

Tiempo de preparación: 5 minutos.
Tiempo de cocción: 25 minutos.
Porciones: 4

Ingredientes:
- 2 cucharadas de aceite de oliva
- 1 cebolla morada picada
- 2 cucharadas de cebolletas picadas
- Una pizca de pimienta negra
- 1 remolacha, pelada y picada
- 8 onzas de queso crema bajo en grasa
- 1 taza de crema de coco

Direcciones:
1. Calienta una sartén con el aceite a fuego medio, agrega la cebolla y sofríe por 5 minutos.
2. Agregue el resto de los ingredientes y cocine todo durante 20 minutos más revolviendo con frecuencia.
3. Transfiera la mezcla a una licuadora, presione bien, divida en tazones y sirva.

Nutrición: calorías 418, grasa 41.2, fibra 2.5, carbohidratos 10, proteína 6.4

Salsa de pepino

Tiempo de preparación: 5 minutos.
Tiempo de cocción: 0 minutos.
Porciones: 4

Ingredientes:
- 1 libra de pepinos en cubos
- 1 aguacate, pelado, sin hueso y en cubos
- 1 cucharada de alcaparras, escurridas
- 1 cucharada de cebollino picado
- 1 cebolla morada pequeña, cortada en cubos
- 1 cucharada de aceite de oliva
- 1 cucharada de vinagre balsámico

Direcciones:
1. En un bol, combine los pepinos con el aguacate y los demás ingredientes, mezcle, divida en tazas pequeñas y sirva.

Nutrición: calorías 132, grasa 4.4, fibra 4, carbohidratos 11.6, proteína 4.5

Dip de garbanzos

Tiempo de preparación: 5 minutos.
Tiempo de cocción: 0 minutos.
Porciones: 4

Ingredientes:
- 1 cucharada de aceite de oliva
- 1 cucharada de jugo de limón
- 1 cucharada de pasta de semillas de sésamo
- 2 cucharadas de cebolletas picadas
- 2 cebolletas picadas
- 2 tazas de garbanzos enlatados, sin sal agregada, escurridos y enjuagados

Direcciones:
1. En tu licuadora, combina los garbanzos con el aceite y los demás ingredientes excepto el cebollino, pulsa bien, divide en tazones, espolvorea el cebollino por encima y sirve.

Nutrición: calorías 280, grasa 13,3, fibra 5,5, carbohidratos 14,8, proteína 6,2

Dip de aceitunas

Tiempo de preparación: 4 minutos.
Tiempo de cocción: 0 minutos.
Porciones: 4

Ingredientes:
- 2 tazas de aceitunas negras, sin hueso y picadas
- 1 taza de menta picada
- 2 cucharadas de aceite de aguacate
- ½ taza de crema de coco
- ¼ de taza de jugo de lima
- Una pizca de pimienta negra

Direcciones:
1. En tu licuadora, combina las aceitunas con la menta y los demás ingredientes, licúa bien, divide en tazones y sirve.

Nutrición: calorías 287, grasa 13.3, fibra 4.7, carbohidratos 17.4, proteína 2.4

Dip de cebollas de coco

Tiempo de preparación: 5 minutos.
Tiempo de cocción: 0 minutos.
Porciones: 4

Ingredientes:
- 4 cebolletas picadas
- 1 chalota picada
- 1 cucharada de jugo de lima
- Una pizca de pimienta negra
- 2 onzas de queso mozzarella bajo en grasa, rallado
- 1 taza de crema de coco
- 1 cucharada de perejil picado

Direcciones:
1. En una licuadora, combine las cebolletas con la chalota y los demás ingredientes, presione bien, divida en tazones y sirva como salsa para fiestas.

Nutrición: calorías 271, grasa 15.3, fibra 5, carbohidratos 15.9, proteína 6.9

Dip de piñones y coco

Tiempo de preparación: 5 minutos.
Tiempo de cocción: 0 minutos.
Porciones: 4

Ingredientes:
- 8 onzas de crema de coco
- 1 cucharada de piñones picados
- 2 cucharadas de perejil picado
- Una pizca de pimienta negra

Direcciones:
1. En un bol, combinar la nata con los piñones y el resto de ingredientes, batir bien, dividir en tazones y servir.

Nutrición: calorías 281, grasa 13, fibra 4.8, carbohidratos 16, proteína 3.56

Salsa de rúcula y pepinos

Tiempo de preparación: 5 minutos.
Tiempo de cocción: 0 minutos.
Porciones: 4

Ingredientes:
- 4 cebolletas picadas
- 2 tomates, en cubos
- 4 pepinos, en cubos
- 1 cucharada de vinagre balsámico
- 1 taza de hojas de rúcula tiernas
- 2 cucharadas de jugo de limón
- 2 cucharadas de aceite de oliva
- Una pizca de pimienta negra

Direcciones:
1. En un bol, combine las cebolletas con los tomates y los demás ingredientes, mezcle, divida en tazones pequeños y sirva como bocadillo.

Nutrición: calorías 139, grasa 3.8, fibra 4.5, carbohidratos 14, proteína 5.4

Dip de queso

Tiempo de preparación: 5 minutos.
Tiempo de cocción: 0 minutos.
Porciones: 6

Ingredientes:
- 1 cucharada de menta picada
- 1 cucharada de orégano picado
- 10 onzas de queso crema sin grasa
- ½ taza de jengibre, en rodajas
- 2 cucharadas de aminoácidos de coco

Direcciones:
1. En tu licuadora, combina el queso crema con el jengibre y los demás ingredientes, licúa bien, divide en tazas pequeñas y sirve.

Nutrición: calorías 388, grasa 15.4, fibra 6, carbohidratos 14.3, proteína 6

Dip de yogur con pimentón

Tiempo de preparación: 5 minutos.
Tiempo de cocción: 0 minutos.
Porciones: 4

Ingredientes:
- 3 tazas de yogur descremado
- 2 cebolletas picadas
- 1 cucharadita de pimentón dulce
- ¼ de taza de almendras picadas
- ¼ taza de eneldo picado

Direcciones:
1. En un bol, combine el yogur con las cebollas y los demás ingredientes, bata, divida en bol y sirva.

Nutrición: calorías 181, grasa 12.2, fibra 6, carbohidratos 14,1, proteína 7

Salsa de coliflor

Tiempo de preparación: 5 minutos.
Tiempo de cocción: 0 minutos.
Porciones: 4

Ingredientes:
- 1 libra de floretes de coliflor, blanqueados
- 1 taza de aceitunas kalamata, sin hueso y cortadas por la mitad
- 1 taza de tomates cherry, cortados por la mitad
- 1 cucharada de aceite de oliva
- 1 cucharada de jugo de lima
- Una pizca de pimienta negra

Direcciones:
1. En un bol, combine la coliflor con las aceitunas y los demás ingredientes, mezcle y sirva.

Nutrición: calorías 139, grasa 4, fibra 3.6, carbohidratos 5.5, proteína 3.4

Crema de camarones

Tiempo de preparación: 5 minutos.
Tiempo de cocción: 0 minutos.
Porciones: 4

Ingredientes:
- 8 onzas de crema de coco
- 1 libra de camarones, cocidos, pelados, desvenados y picados
- 2 cucharadas de eneldo picado
- 2 cebolletas picadas
- 1 cucharada de cilantro picado
- Una pizca de pimienta negra

Direcciones:
1. En un bol, combine los camarones con la crema y los demás ingredientes, bata y sirva como untable de fiesta.

Nutrición: calorías 362, grasa 14.3, fibra 6, carbohidratos 14.6, proteína 5.9

Salsa de durazno

Tiempo de preparación: 4 minutos.
Tiempo de cocción: 0 minutos.
Porciones: 4

Ingredientes:
- 4 melocotones, sin hueso y en cubos
- 1 taza de aceitunas kalamata, sin hueso y cortadas por la mitad
- 1 aguacate, sin hueso, pelado y cortado en cubos
- 1 taza de tomates cherry, cortados por la mitad
- 1 cucharada de aceite de oliva
- 1 cucharada de jugo de lima
- 1 cucharada de cilantro picado

Direcciones:
1. En un bol, combine los duraznos con las aceitunas y los demás ingredientes, mezcle bien y sirva frío.

Nutrición: calorías 200, grasa 7.5, fibra 5, carbohidratos 13.3, proteína 4.9

Chips de zanahoria

Tiempo de preparación: 10 minutos.
Tiempo de cocción: 20 minutos.
Porciones: 4

Ingredientes:
- 4 zanahorias, en rodajas finas
- 2 cucharadas de aceite de oliva
- Una pizca de pimienta negra
- 1 cucharadita de pimentón dulce
- ½ cucharadita de cúrcuma en polvo
- Una pizca de hojuelas de pimiento rojo

Direcciones:
1. En un bol, combine los chips de zanahoria con el aceite y los demás ingredientes y mezcle.
2. Extienda las papas fritas en una bandeja para hornear forrada, hornee a 400 grados F durante 25 minutos, divida en tazones y sirva como bocadillo.

Nutrición: calorías 180, grasa 3, fibra 3.3, carbohidratos 5.8, proteína 1.3

Bocaditos de espárragos

Tiempo de preparación: 4 minutos.
Tiempo de cocción: 20 minutos.
Porciones: 4

Ingredientes:
- 2 cucharadas de aceite de coco derretido
- 1 libra de espárragos, cortados y cortados por la mitad
- 1 cucharadita de ajo en polvo
- 1 cucharadita de romero seco
- 1 cucharadita de chile en polvo

Direcciones:
1. En un tazón, mezcle los espárragos con el aceite y los otros ingredientes, mezcle, extienda en una bandeja para hornear forrada y hornee a 400 grados F durante 20 minutos.
2. Dividir en tazones y servir frío como refrigerio.

Nutrición: calorías 170, grasa 4.3, fibra 4, carbohidratos 7, proteína 4.5

Cuencos de higos al horno

Tiempo de preparación: 4 minutos.
Tiempo de cocción: 12 minutos.
Porciones: 4

Ingredientes:
- 8 higos, cortados por la mitad
- 1 cucharada de aceite de aguacate
- 1 cucharadita de nuez moscada molida

Direcciones:
1. En una fuente para asar combine los higos con el aceite y la nuez moscada, mezcle y hornee a 400 grados F durante 12 minutos.
2. Divide los higos en tazones pequeños y sírvelos como bocadillo.

Nutrición: calorías 180, grasa 4.3, fibra 2, carbohidratos 2, proteína 3.2

Salsa de Repollo y Camarones

Tiempo de preparación: 5 minutos.
Tiempo de cocción: 6 minutos.
Porciones: 4

Ingredientes:
- 2 tazas de col lombarda, rallada
- 1 libra de camarones, pelados y desvenados
- 1 cucharada de aceite de oliva
- Una pizca de pimienta negra
- 2 cebolletas picadas
- 1 taza de tomates en cubos
- ½ cucharadita de ajo en polvo

Direcciones:
1. Calienta una sartén con el aceite a fuego medio, agrega los camarones, revuelve y cocina por 3 minutos por cada lado.
2. En un bol, combine el repollo con los camarones y los demás ingredientes, mezcle, divida en tazones pequeños y sirva.

Nutrición: calorías 225, grasa 9.7, fibra 5.1, carbohidratos 11.4, proteína 4.5

Cuñas de aguacate

Tiempo de preparación: 5 minutos.
Tiempo de cocción: 10 minutos.
Porciones: 4

Ingredientes:
- 2 aguacates, pelados, sin hueso y cortados en gajos
- 1 cucharada de aceite de aguacate
- 1 cucharada de jugo de lima
- 1 cucharadita de cilantro molido

Direcciones:
1. Extienda las rodajas de aguacate en una bandeja para hornear forrada, agregue el aceite y los otros ingredientes, mezcle y hornee a 300 grados F durante 10 minutos.
2. Dividir en tazas y servir como refrigerio.

Nutrición: calorías 212, grasa 20.1, fibra 6.9, carbohidratos 9.8, proteína 2

Dip de limón

Tiempo de preparación: 4 minutos.
Tiempo de cocción: 0 minutos.
Porciones: 4

Ingredientes:
- 1 taza de queso crema bajo en grasa
- Pimienta negra al gusto
- ½ taza de jugo de limón
- 1 cucharada de cilantro picado
- 3 dientes de ajo picados

Direcciones:
1. En tu robot de cocina, mezcla el queso crema con el jugo de limón y los demás ingredientes, pulsa bien, divide en tazones y sirve.

Nutrición: calorías 213, grasa 20.5, fibra 0.2, carbohidratos 2.8, proteína 4.8

Dip de camote

Tiempo de preparación: 10 minutos.
Tiempo de cocción: 40 minutos.
Porciones: 4

Ingredientes:
- 1 taza de batatas, peladas y cortadas en cubos
- 1 cucharada de caldo de verduras bajo en sodio
- Spray para cocinar
- 2 cucharadas de crema de coco
- 2 cucharaditas de romero seco
- Pimienta negra al gusto

Direcciones:
1. En un molde para hornear, combine las papas con el caldo y los demás ingredientes, revuelva, hornee a 365 grados F por 40 minutos, transfiera a su licuadora, presione bien, divida en tazones pequeños y sirva

Nutrición: calorías 65, grasa 2.1, fibra 2, carbohidratos 11.3, proteína 0.8

Salsa De Frijoles

Tiempo de preparación: 5 minutos.
Tiempo de cocción: 0 minutos.
Porciones: 4

Ingredientes:
- 1 taza de frijoles negros enlatados, sin sal agregada, escurridos
- 1 taza de frijoles rojos enlatados, sin sal agregada, escurridos
- 1 cucharadita de vinagre balsámico
- 1 taza de tomates cherry, en cubos
- 1 cucharada de aceite de oliva
- 2 chalotas picadas

Direcciones:
1. En un bol, combine los frijoles con el vinagre y los demás ingredientes, mezcle y sirva como bocadillo de fiesta.

Nutrición: calorías 362, grasa 4.8, fibra 14.9, carbohidratos 61, proteína 21.4

Salsa De Frijoles Verdes

Tiempo de preparación: 10 minutos.
Tiempo de cocción: 10 minutos.
Porciones: 4

Ingredientes:
- 1 libra de judías verdes, cortadas y cortadas por la mitad
- 1 cucharada de aceite de oliva
- 2 cucharaditas de alcaparras, escurridas
- 6 onzas de aceitunas verdes, sin hueso y en rodajas
- 4 dientes de ajo picados
- 1 cucharada de jugo de lima
- 1 cucharada de orégano picado
- Pimienta negra al gusto

Direcciones:
1. Calienta una sartén con el aceite a fuego medio-alto, agrega el ajo y las judías verdes, revuelve y cocina por 3 minutos.
2. Agregue el resto de los ingredientes, mezcle, cocine por otros 7 minutos, divida en tazas pequeñas y sirva frío.

Nutrición: calorías 111, grasa 6.7, fibra 5.6, carbohidratos 13.2, proteína 2.9

Crema de zanahoria

Tiempo de preparación: 10 minutos.
Tiempo de cocción: 30 minutos.
Porciones: 4

Ingredientes:
- 1 libra de zanahorias, peladas y picadas
- ½ taza de nueces picadas
- 2 tazas de caldo de verduras bajo en sodio
- 1 taza de crema de coco
- 1 cucharada de romero picado
- 1 cucharadita de ajo en polvo
- ¼ de cucharadita de pimentón ahumado

Direcciones:
1. En una olla pequeña, mezcla las zanahorias con el caldo, las nueces y los demás ingredientes excepto la nata y el romero, revuelve, lleva a ebullición a fuego medio, cocina por 30 minutos, escurre y transfiere a una licuadora.
2. Agrega la nata, licúa bien la mezcla, divide en tazones, espolvorea el romero por encima y sirve.

Nutrición: calorías 201, grasa 8.7, fibra 3.4, carbohidratos 7.8, proteína 7.7

Salsa de tomate

Tiempo de preparación: 10 minutos.
Tiempo de cocción: 10 minutos.
Porciones: 4

Ingredientes:
- 1 libra de tomates, pelados y picados
- ½ taza de ajo picado
- 2 cucharadas de aceite de oliva
- Una pizca de pimienta negra
- 2 chalotas picadas
- 1 cucharadita de tomillo seco

Direcciones:
1. Calentar una sartén con el aceite a fuego medio-alto, agregar el ajo y las chalotas, remover y sofreír por 2 minutos.
2. Agrega los tomates y los demás ingredientes, cocina por 8 minutos más y transfiere a una licuadora.
3. Pulsar bien, dividir en tazas pequeñas y servir como refrigerio.

Nutrición: calorías 232, grasa 11.3, fibra 3.9, carbohidratos 7.9, proteína 4.5

Tazones de salmón

Tiempo de preparación: 10 minutos.
Tiempo de cocción: 0 minutos.
Porciones: 6

Ingredientes:
- 1 cucharada de aceite de aguacate
- 1 cucharada de vinagre balsámico
- ½ cucharadita de orégano seco
- 1 taza de salmón ahumado, sin sal agregada, deshuesado, sin piel y en cubos
- 1 taza de salsa
- 4 tazas de espinacas tiernas

Direcciones:
1. En un bol, combine el salmón con la salsa y los demás ingredientes, mezcle, divida en tazas pequeñas y sirva.

Nutrición: calorías 281, grasa 14,4, fibra 7,4, carbohidratos 18,7, proteína 7,4

Salsa de Tomate y Maíz

Tiempo de preparación: 4 minutos.
Tiempo de cocción: 0 minutos.
Porciones: 4

Ingredientes:
- 3 tazas de maíz
- 2 tazas de tomates, en cubos
- 2 cebollas verdes picadas
- 2 cucharadas de aceite de oliva
- 1 ají rojo picado
- ½ cucharada de cebollino picado

Direcciones:
1. En una ensaladera, combine los tomates con el elote y los demás ingredientes, mezcle y sirva frío como bocadillo.

Nutrición: calorías 178, grasa 8.6, fibra 4.5, carbohidratos 25.9, proteína 4.7

Champiñones al horno

Tiempo de preparación: 10 minutos.
Tiempo de cocción: 25 minutos.
Porciones: 4

Ingredientes:
- 1 libra de tapas de hongos pequeños
- 2 cucharadas de aceite de oliva
- 1 cucharada de cebollino picado
- 1 cucharada de romero picado
- Pimienta negra al gusto

Direcciones:
1. Ponga los champiñones en una fuente para asar, agregue el aceite y el resto de los ingredientes, mezcle, hornee a 400 grados F durante 25 minutos, divida en tazones y sirva como bocadillo.

Nutrición: calorías 215, grasa 12,3, fibra 6,7, carbohidratos 15,3, proteína 3,5

Frijoles para untar

Tiempo de preparación: 5 minutos.
Tiempo de cocción: 0 minutos.
Porciones: 4

Ingredientes:
- ½ taza de crema de coco
- 1 cucharada de aceite de oliva
- 2 tazas de frijoles negros enlatados, sin sal agregada, escurridos y enjuagados
- 2 cucharadas de cebollas verdes picadas

Direcciones:
1. En una licuadora, combine los frijoles con la crema y los demás ingredientes, presione bien, divida en tazones y sirva.

Nutrición: calorías 311, grasa 13.5, fibra 6, carbohidratos 18.0, proteína 8

Salsa de cilantro e hinojo

Tiempo de preparación: 5 minutos.
Tiempo de cocción: 0 minutos.
Porciones: 4

Ingredientes:
- 2 cebolletas picadas
- 2 bulbos de hinojo, triturados
- 1 ají verde picado
- 1 tomate picado
- 1 cucharadita de cúrcuma en polvo
- 1 cucharadita de jugo de lima
- 2 cucharadas de cilantro picado
- Pimienta negra al gusto

Direcciones:
1. En una ensaladera, mezcle el hinojo con la cebolla y los demás ingredientes, mezcle, divida en tazas y sirva.

Nutrición: calorías 310, grasa 11.5, fibra 5.1, carbohidratos 22.3, proteína 6.5

Bocaditos de coles de Bruselas

Tiempo de preparación: 10 minutos.
Tiempo de cocción: 25 minutos.
Porciones: 4

Ingredientes:
- 1 libra de coles de Bruselas, cortadas y cortadas por la mitad
- 2 cucharadas de aceite de oliva
- 1 cucharada de comino, molido
- 1 taza de eneldo picado
- 2 dientes de ajo picados

Direcciones:
1. En una fuente para asar, combine las coles de Bruselas con el aceite y los otros ingredientes, mezcle y hornee a 390 grados F durante 25 minutos.
2. Divida los brotes en tazones y sírvalos como bocadillo.

Nutrición: calorías 270, grasa 10,3, fibra 5,2, carbohidratos 11,1, proteína 6

Bocaditos de nueces balsámicas

Tiempo de preparación: 10 minutos.
Tiempo de cocción: 15 minutos.
Porciones: 4

Ingredientes:
- 2 tazas de nueces
- 3 cucharadas de vinagre rojo
- Un chorrito de aceite de oliva
- Una pizca de pimienta de cayena
- Una pizca de hojuelas de pimiento rojo
- Pimienta negra al gusto

Direcciones:
1. Extienda las nueces en una bandeja para hornear forrada, agregue el vinagre y los otros ingredientes, mezcle y ase a 400 grados F durante 15 minutos.
2. Divide las nueces en tazones y sírvelas.

Nutrición: calorías 280, grasa 12.2, fibra 2, carbohidratos 15.8, proteína 6

chips de rábano

Tiempo de preparación: 10 minutos.
Tiempo de cocción: 20 minutos.
Porciones: 4

Ingredientes:
- 1 libra de rábanos, en rodajas finas
- Una pizca de cúrcuma en polvo
- Pimienta negra al gusto
- 2 cucharadas de aceite de oliva

Direcciones:
1. Extienda los chips de rábano en una bandeja para hornear forrada, agregue el aceite y los otros ingredientes, mezcle y hornee a 400 grados F durante 20 minutos.
2. Divide las patatas fritas en tazones y sírvelas.

Nutrición: calorías 120, grasa 8.3, fibra 1, carbohidratos 3.8, proteína 6

Ensalada De Puerros Y Camarones

Tiempo de preparación: 4 minutos.
Tiempo de cocción: 0 minutos.
Porciones: 4

Ingredientes:
- 2 puerros, en rodajas
- 1 taza de cilantro picado
- 1 libra de camarones, pelados, desvenados y cocidos
- Zumo de 1 lima
- 1 cucharada de ralladura de lima rallada
- 1 taza de tomates cherry, cortados por la mitad
- 2 cucharadas de aceite de oliva
- Sal y pimienta negra al gusto

Direcciones:
1. En una ensaladera, mezcle los camarones con los puerros y los demás ingredientes, mezcle, divida en tazas pequeñas y sirva.

Nutrición: calorías 280, grasa 9.1, fibra 5.2, carbohidratos 12.6, proteína 5

Dip de puerros

Tiempo de preparación: 5 minutos.
Tiempo de cocción: 0 minutos.
Porciones: 4

Ingredientes:
- 1 cucharada de jugo de limón
- ½ taza de queso crema bajo en grasa
- 2 cucharadas de aceite de oliva
- Pimienta negra al gusto
- 4 puerros picados
- 1 cucharada de cilantro picado

Direcciones:
1. En una licuadora, combine el queso crema con los puerros y los demás ingredientes, presione bien, divida en tazones y sirva como salsa para fiestas.

Nutrición: calorías 300, grasa 12.2, fibra 7.6, carbohidratos 14.7, proteína 5.6

Ensalada de pimientos morrones

Tiempo de preparación: 5 minutos.
Tiempo de cocción: 0 minutos.
Porciones: 4

Ingredientes:
- ½ libra de pimiento rojo, cortado en tiras finas
- 3 cebollas verdes picadas
- 1 cucharada de aceite de oliva
- 2 cucharaditas de jengibre rallado
- ½ cucharadita de romero seco
- 3 cucharadas de vinagre balsámico

Direcciones:
1. En una ensaladera, mezcle los pimientos morrones con las cebollas y los demás ingredientes, mezcle, divida en tazas pequeñas y sirva.

Nutrición: calorías 160, grasa 6, fibra 3, carbohidratos 10,9, proteína 5,2

Crema de aguacate

Tiempo de preparación: 4 minutos.
Tiempo de cocción: 0 minutos.
Porciones: 4

Ingredientes:
- 2 cucharadas de eneldo picado
- 1 chalota picada
- 2 dientes de ajo picados
- 2 aguacates, pelados, sin hueso y picados
- 1 taza de crema de coco
- 2 cucharadas de aceite de oliva
- 2 cucharadas de jugo de lima
- Pimienta negra al gusto

Direcciones:
1. En una licuadora, combine los aguacates con las chalotas, el ajo y los demás ingredientes, presione bien, divida en tazones pequeños y sirva como botana.

Nutrición: calorías 300, grasa 22,3, fibra 6,4, carbohidratos 42, proteína 8,9

Salsa de maíz

Tiempo de preparación: 30 minutos.
Tiempo de cocción: 0 minutos.
Porciones: 4

Ingredientes:
- Una pizca de pimienta de cayena
- Una pizca de pimienta negra
- 2 tazas de maíz
- 1 taza de crema de coco
- 2 cucharadas de jugo de limón
- 2 cucharadas de aceite de aguacate

Direcciones:
1. En una licuadora, combine el maíz con la crema y los demás ingredientes, presione bien, divida en tazones y sirva como salsa para fiestas.

Nutrición: calorías 215, grasa 16.2, fibra 3.8, carbohidratos 18.4, proteína 4

Barras de frijoles

Tiempo de preparación: 2 horas.
Tiempo de cocción: 0 minutos.
Porciones: 12

Ingredientes:
- 1 taza de frijoles negros enlatados, sin sal agregada, escurridos
- 1 taza de hojuelas de coco, sin azúcar
- 1 taza de mantequilla descremada
- ½ taza de semillas de chía
- ½ taza de crema de coco

Direcciones:
1. En una licuadora, combine los frijoles con las hojuelas de coco y los demás ingredientes, pulse bien, extienda esto en un molde cuadrado, presione, guarde en el refrigerador por 2 horas, corte en barras medianas y sirva.

Nutrición: calorías 141, grasa 7, fibra 5, carbohidratos 16.2, proteína 5

Mezcla de semillas de calabaza y chips de manzana

Tiempo de preparación: 10 minutos.
Tiempo de cocción: 2 horas.
Porciones: 4

Ingredientes:
- Spray para cocinar
- 2 cucharaditas de nuez moscada molida
- 1 taza de semillas de calabaza
- 2 manzanas, sin corazón y en rodajas finas

Direcciones:
1. Colocar las semillas de calabaza y los chips de manzana en una bandeja para hornear forrada, espolvorear la nuez moscada por todas partes, engrasarlas con el spray, introducir en el horno y hornear a 300 grados F durante 2 horas.
2. Dividir en tazones y servir como refrigerio.

Nutrición: calorías 80, grasa 0, fibra 3, carbohidratos 7, proteína 4

Dip de Tomates y Yogur

Tiempo de preparación: 5 minutos.
Tiempo de cocción: 0 minutos.
Porciones: 4

Ingredientes:
- 2 tazas de yogur griego sin grasa
- 1 cucharada de perejil picado
- ¼ de taza de tomates enlatados, sin sal agregada, picados
- 2 cucharadas de cebolletas picadas
- Pimienta negra al gusto

Direcciones:
1. En un bol mezclar el yogur con el perejil y los demás ingredientes, batir bien, dividir en tazones pequeños y servir como salsa de fiesta.

Nutrición: calorías 78, grasa 0, fibra 0.2, carbohidratos 10.6, proteína 8.2

Cuencos de remolacha de cayena

Tiempo de preparación: 10 minutos.
Tiempo de cocción: 35 minutos.
Porciones: 2

Ingredientes:
- 1 cucharadita de pimienta de cayena
- 2 remolachas, peladas y en cubos
- 1 cucharadita de romero seco
- 1 cucharada de aceite de oliva
- 2 cucharaditas de jugo de lima

Direcciones:
1. En una fuente para asar, combine las picaduras de remolacha con la cayena y los demás ingredientes, mezcle, introduzca en el horno, ase a 355 grados F durante 35 minutos, divida en tazones pequeños y sirva como refrigerio.

Nutrición: calorías 170, grasa 12.2, fibra 7, carbohidratos 15.1, proteína 6

Tazones de nueces y pacanas

Tiempo de preparación: 10 minutos.
Tiempo de cocción: 10 minutos.
Porciones: 4

Ingredientes:
- 2 tazas de nueces
- 1 taza de nueces picadas
- 1 cucharadita de aceite de aguacate
- ½ cucharadita de pimentón dulce

Direcciones:
1. Extienda las uvas y las nueces en una bandeja para hornear forrada, agregue el aceite y el pimentón, mezcle y hornee a 400 grados F durante 10 minutos.
2. Dividir en tazones y servir como refrigerio.

Nutrición: calorías 220, grasa 12.4, fibra 3, carbohidratos 12.9, proteína 5.6

Muffins de salmón y perejil

Tiempo de preparación: 10 minutos.
Tiempo de cocción: 25 minutos.
Porciones: 4

Ingredientes:
- 1 taza de queso mozzarella bajo en grasa, rallado
- 8 onzas de salmón ahumado, sin piel, deshuesado y picado
- 1 taza de harina de almendras
- 1 huevo batido
- 1 cucharadita de perejil seco
- 1 diente de ajo picado
- Pimienta negra al gusto
- Spray para cocinar

Direcciones:
1. En un bol, combine el salmón con la mozzarella y los demás ingredientes excepto el aceite en aerosol y revuelva bien.
2. Divida esta mezcla en una bandeja para muffins engrasada con aceite en aerosol, hornee en el horno a 375 grados F durante 25 minutos y sirva como refrigerio.

Nutrición: calorías 273, grasa 17, fibra 3.5, carbohidratos 6.9, proteína 21.8

Pelotas de Squash

Tiempo de preparación: 10 minutos.
Tiempo de cocción: 20 minutos.
Porciones: 8

Ingredientes:
- Un chorrito de aceite de oliva
- 1 calabaza grande, pelada y picada
- 2 cucharadas de cilantro picado
- 2 huevos batidos
- ½ taza de harina integral
- Pimienta negra al gusto
- 2 chalotas picadas
- 2 dientes de ajo picados

Direcciones:
1. En un bol, mezcle la calabaza con el cilantro y los demás ingredientes excepto el aceite, revuelva bien y forme bolitas medianas con esta mezcla.
2. Colóquelos en una bandeja para hornear forrada, engrase con el aceite, hornee a 400 grados F durante 10 minutos por cada lado, divídalos en tazones y sirva.

Nutrición: calorías 78, grasa 3, fibra 0.9, carbohidratos 10.8, proteína 2.7

Tazones de cebolla con queso y perla

Tiempo de preparación: 10 minutos.
Tiempo de cocción: 30 minutos.
Porciones: 8

Ingredientes:
- 20 cebollas blancas peladas
- 3 cucharadas de perejil picado
- 1 cucharada de cebollino picado
- Pimienta negra al gusto
- 1 taza de mozzarella descremada, rallada
- 1 cucharada de aceite de oliva

Direcciones:
1. Extienda las cebollas perla en una bandeja para hornear forrada, agregue el aceite, el perejil, el cebollino y la pimienta negra y mezcle.
2. Espolvoree la mozzarella encima, hornee a 390 grados F durante 30 minutos, divida en tazones y sirva fría como refrigerio.

Nutrición: calorías 136, grasa 2.7, fibra 6, carbohidratos 25.9, proteína 4.1

Barras de brócoli

Tiempo de preparación: 10 minutos.
Tiempo de cocción: 25 minutos.
Porciones: 8

Ingredientes:
- 1 libra de floretes de brócoli, picados
- ½ taza de queso mozzarella bajo en grasa, rallado
- 2 huevos batidos
- 1 cucharadita de orégano seco
- 1 cucharadita de albahaca seca
- Pimienta negra al gusto

Direcciones:
1. En un bol mezclar el brócoli con el queso y los demás ingredientes, remover bien, extender en un molde rectangular y presionar bien en el fondo.
2. Introducir en el horno a 380 grados F, hornear por 25 minutos, cortar en barras y servir frío.

Nutrición: calorías 46, grasa 1.3, fibra 1.8, carbohidratos 4.2, proteína 5

Salsa de Piña y Tomate

Tiempo de preparación: 10 minutos.
Tiempo de cocción: 40 minutos.
Porciones: 4

Ingredientes:
- 20 onzas de piña enlatada, escurrida y en cubos
- 1 taza de tomates secados al sol, cortados en cubos
- 1 cucharada de albahaca picada
- 1 cucharada de aceite de aguacate
- 1 cucharadita de jugo de lima
- 1 taza de aceitunas negras, sin hueso y en rodajas
- Pimienta negra al gusto

Direcciones:
1. En un bol, combine los cubos de piña con los tomates y los demás ingredientes, mezcle, divida en tazas más pequeñas y sirva como bocadillo.

Nutrición: calorías 125, grasa 4.3, fibra 3.8, carbohidratos 23.6, proteína 1.5

Mezcla de pavo y alcachofas

Tiempo de preparación: 5 minutos.
Tiempo de cocción: 25 minutos.
Porciones: 4

Ingredientes:
- 2 cucharadas de aceite de oliva
- 1 pechuga de pavo, sin piel, deshuesada y en rodajas
- Una pizca de pimienta negra
- 1 cucharada de albahaca picada
- 3 dientes de ajo picados
- 14 onzas de alcachofas enlatadas, sin sal agregada, picadas
- 1 taza de crema de coco
- ¾ taza de mozzarella descremada, rallada

Direcciones:
1. Calienta una sartén con el aceite a fuego medio-alto, agrega la carne, el ajo y la pimienta negra, revuelve y cocina por 5 minutos.
2. Agrega el resto de los ingredientes excepto el queso, revuelve y cocina a fuego medio por 15 minutos.
3. Espolvorear el queso, cocinar todo por 5 minutos más, repartir en platos y servir.

Nutrición: calorías 300, grasa 22.2, fibra 7.2, carbohidratos 16.5, proteína 13.6

Mezcla de pavo con orégano

Tiempo de preparación: 10 minutos.
Tiempo de cocción: 30 minutos.
Porciones: 4

Ingredientes:
- 2 cucharadas de aceite de aguacate
- 1 cebolla morada picada
- 2 dientes de ajo picados
- Una pizca de pimienta negra
- 1 cucharada de orégano picado
- 1 pechuga de pavo grande, sin piel, deshuesada y en cubos
- 1 y ½ tazas de caldo de res bajo en sodio
- 1 cucharada de cebollino picado

Direcciones:
1. Calienta una sartén con el aceite a fuego medio, agrega la cebolla, revuelve y sofríe por 3 minutos.
2. Agrega el ajo y la carne, revuelve y cocina por 3 minutos más.
3. Agregue el resto de los ingredientes, mezcle, cocine todo a fuego medio durante 25 minutos, divida en platos y sirva.

Nutrición: calorías 76, grasa 2.1, fibra 1.7, carbohidratos 6.4, proteína 8.3

Pollo naranja

Tiempo de preparación: 10 minutos.
Tiempo de cocción: 35 minutos.
Porciones: 4

Ingredientes:
- 1 cucharada de aceite de aguacate
- 1 libra de pechuga de pollo, sin piel, deshuesada y cortada por la mitad
- 2 dientes de ajo picados
- 2 chalotas picadas
- ½ taza de jugo de naranja
- 1 cucharada de ralladura de naranja
- 3 cucharadas de vinagre balsámico
- 1 cucharadita de romero picado

Direcciones:
1. Calienta una sartén con el aceite a fuego medio-alto, agrega las chalotas y el ajo, revuelve y sofríe por 2 minutos.
2. Agregue la carne, mezcle suavemente y cocine por 3 minutos más.
3. Agregue el resto de los ingredientes, mezcle, introduzca la sartén en el horno y hornee a 340 grados F durante 30 minutos.
4. Dividir en platos y servir.

Nutrición: calorías 159, grasa 3.4, fibra 0.5, carbohidratos 5.4, proteína 24.6

Pavo al ajo y champiñones

Tiempo de preparación: 10 minutos.
Tiempo de cocción: 40 minutos.
Porciones: 4

Ingredientes:
- 1 pechuga de pavo, deshuesada, sin piel y en cubos
- ½ libra de champiñones blancos, cortados por la mitad
- 1/3 taza de aminoácidos de coco
- 2 dientes de ajo picados
- 2 cucharadas de aceite de oliva
- Una pizca de pimienta negra
- 2 cebollas verdes picadas
- 3 cucharadas de salsa de ajo
- 1 cucharada de romero picado

Direcciones:
1. Calentar una sartén con el aceite a fuego medio, agregar las cebolletas, la salsa de ajo y el ajo y sofreír por 5 minutos.
2. Agrega la carne y dórala por 5 minutos más.
3. Agrega el resto de los ingredientes, introduce en el horno y hornea a 390 grados F por 30 minutos.
4. Divida la mezcla entre platos y sirva.

Nutrición: calorías 154, grasa 8.1, fibra 1.5, carbohidratos 11.5, proteína 9.8

Sartén de Pollo y Aceitunas

Tiempo de preparación: 10 minutos.
Tiempo de cocción: 25 minutos.
Porciones: 4

Ingredientes:
- 1 libra de pechugas de pollo, sin piel, deshuesadas y cortadas en cubos
- Una pizca de pimienta negra
- 1 cucharada de aceite de aguacate
- 1 cebolla morada picada
- 1 taza de leche de coco
- 1 cucharada de jugo de limón
- 1 taza de aceitunas kalamata, sin hueso y en rodajas
- ¼ de taza de cilantro picado

Direcciones:
1. Calentar una sartén con el aceite a fuego medio-alto, agregar la cebolla y la carne y dorar por 5 minutos.
2. Agregue el resto de los ingredientes, mezcle, cocine a fuego lento y cocine a fuego medio durante 20 minutos más.
3. Dividir en platos y servir.

Nutrición: calorías 409, grasa 26,8, fibra 3,2, carbohidratos 8,3, proteína 34,9

Mezcla de pavo balsámico y melocotón

Tiempo de preparación: 10 minutos.
Tiempo de cocción: 25 minutos.
Porciones: 4

Ingredientes:
- 1 cucharada de aceite de aguacate
- 1 pechuga de pavo, sin piel, deshuesada y en rodajas
- Una pizca de pimienta negra
- 1 cebolla amarilla picada
- 4 melocotones, sin hueso y cortados en gajos
- ¼ taza de vinagre balsámico
- 2 cucharadas de cebolletas picadas

Direcciones:
1. Calentar una sartén con el aceite a fuego medio-alto, agregar la carne y la cebolla, remover y dorar por 5 minutos.
2. Agregue el resto de los ingredientes excepto las cebolletas, mezcle suavemente y hornee a 390 grados F durante 20 minutos.
3. Repartir todo entre platos y servir con el cebollino espolvoreado por encima.

Nutrición: calorías 123, grasa 1.6, fibra 3.3, carbohidratos 18.8, proteína 9.1

Pollo al coco y espinacas

Tiempo de preparación: 10 minutos.
Tiempo de cocción: 25 minutos.
Porciones: 4

Ingredientes:
- 1 cucharada de aceite de aguacate
- 1 libra de pechuga de pollo, sin piel, deshuesada y en cubos
- ½ cucharadita de albahaca seca
- Una pizca de pimienta negra
- ¼ de taza de caldo de verduras bajo en sodio
- 2 tazas de espinacas tiernas
- 2 chalotas picadas
- 2 dientes de ajo picados
- ½ cucharadita de pimentón dulce
- 2/3 taza de crema de coco
- 2 cucharadas de cilantro picado

Direcciones:
1. Calentar una sartén con el aceite a fuego medio-alto, agregar la carne, la albahaca, la pimienta negra y dorar por 5 minutos.
2. Agregue las chalotas y el ajo y cocine por otros 5 minutos.
3. Agregue el resto de los ingredientes, mezcle, lleve a fuego lento y cocine a fuego medio durante 15 minutos más.
4. Dividir en platos y servir caliente.

Nutrición: calorías 237, grasa 12.9, fibra 1.6, carbohidratos 4.7, proteína 25.8

Mezcla de pollo y espárragos

Tiempo de preparación: 10 minutos.
Tiempo de cocción: 25 minutos.
Porciones: 4

Ingredientes:
- 2 pechugas de pollo, sin piel, deshuesadas y en cubos
- 2 cucharadas de aceite de aguacate
- 2 cebolletas picadas
- 1 manojo de espárragos, cortados y cortados por la mitad
- ½ cucharadita de pimentón dulce
- Una pizca de pimienta negra
- 14 onzas de tomates enlatados, sin sal agregada, escurridos y picados

Direcciones:
1. Calentar una sartén con el aceite a fuego medio-alto, agregar la carne y las cebolletas, remover y cocinar por 5 minutos.
2. Agrega los espárragos y los demás ingredientes, revuelve, tapa la sartén y cocina a fuego medio por 20 minutos.
3. Divida todo entre platos y sirva.

Nutrición: calorías 171, grasa 6.4, fibra 2,6, carbohidratos 6.4, proteína 22.2

Pavo y Brócoli Cremoso

Tiempo de preparación: 10 minutos.
Tiempo de cocción: 25 minutos.
Porciones: 4

Ingredientes:
- 1 cucharada de aceite de oliva
- 1 pechuga de pavo grande, sin piel, deshuesada y en cubos
- 2 tazas de floretes de brócoli
- 2 chalotas picadas
- 2 dientes de ajo picados
- 1 cucharada de albahaca picada
- 1 cucharada de cilantro picado
- ½ taza de crema de coco

Direcciones:
1. Calentar una sartén con el aceite a fuego medio-alto, agregar la carne, las chalotas y el ajo, remover y dorar por 5 minutos.
2. Agrega el brócoli y los demás ingredientes, revuelve todo, cocina por 20 minutos a fuego medio, divide en platos y sirve.

Nutrición: calorías 165, grasa 11.5, fibra 2.1, carbohidratos 7.9, proteína 9.6

Mezcla de judías verdes con pollo y eneldo

Tiempo de preparación: 10 minutos.
Tiempo de cocción: 25 minutos.
Porciones: 4

Ingredientes:
- 2 cucharadas de aceite de oliva
- 10 onzas de ejotes, cortados y cortados por la mitad
- 1 cebolla amarilla picada
- 1 cucharada de eneldo picado
- 2 pechugas de pollo, sin piel, deshuesadas y cortadas por la mitad
- 2 tazas de salsa de tomate, sin sal agregada
- ½ cucharadita de hojuelas de pimiento rojo, triturado

Direcciones:
1. Calentar una sartén con el aceite a fuego medio-alto, agregar la cebolla y la carne y dorar durante 2 minutos por cada lado.
2. Agregue las judías verdes y los demás ingredientes, mezcle, introduzca en el horno y hornee a 380 grados F durante 20 minutos.
3. Dividir en platos y servir de inmediato.

Nutrición: calorías 391, grasa 17,8, fibra 5, carbohidratos 14,8, proteína 43,9

Calabacín con pollo y chile

Tiempo de preparación: 5 minutos.
Tiempo de cocción: 25 minutos.
Porciones: 4

Ingredientes:
- 1 libra de pechugas de pollo, sin piel, deshuesadas y en cubos
- 1 taza de caldo de pollo bajo en sodio
- 2 calabacines, cortados en cubos
- 1 cucharada de aceite de oliva
- 1 taza de tomates enlatados, sin sal agregada, picados
- 1 cebolla amarilla picada
- 1 cucharadita de chile en polvo
- 1 cucharada de cilantro picado

Direcciones:
1. Calentar una sartén con el aceite a fuego medio-alto, agregar la carne y la cebolla, remover y dorar por 5 minutos.
2. Agrega los calabacines y el resto de los ingredientes, mezcla suavemente, reduce el fuego a medio y cocina por 20 minutos.
3. Divida todo entre platos y sirva.

Nutrición: calorías 284, grasa 12,3, fibra 2,4, carbohidratos 8, proteína 35

Mezcla de aguacate y pollo

Tiempo de preparación: 10 minutos.
Tiempo de cocción: 20 minutos.
Porciones: 4

Ingredientes:
- 2 pechugas de pollo, sin piel, deshuesadas y cortadas por la mitad
- Jugo de ½ limón
- 2 cucharadas de aceite de oliva
- 2 dientes de ajo picados
- ½ taza de caldo de verduras bajo en sodio
- 1 aguacate, pelado, sin hueso y cortado en gajos
- Una pizca de pimienta negra

Direcciones:
1. Calentar una sartén con el aceite a fuego medio, agregar el ajo y la carne y dorar 2 minutos por cada lado.
2. Agrega el jugo de limón y los demás ingredientes, lleva a fuego lento y cocina a fuego medio durante 15 minutos.
3. Divida toda la mezcla entre platos y sirva.

Nutrición: calorías 436, grasa 27,3, fibra 3,6, carbohidratos 5,6, proteína 41,8

Pavo y Bok Choy

Tiempo de preparación: 10 minutos.
Tiempo de cocción: 20 minutos.
Porciones: 4

Ingredientes:
- 1 pechuga de pavo, deshuesada, sin piel y cortada en cubos
- 2 cebolletas picadas
- 1 libra de bok choy, desgarrado
- 2 cucharadas de aceite de oliva
- ½ cucharadita de jengibre rallado
- Una pizca de pimienta negra
- ½ taza de caldo de verduras bajo en sodio

Direcciones:
1. Calienta una olla con el aceite a fuego medio-alto, agrega las cebolletas y el jengibre y sofríe por 2 minutos.
2. Agrega la carne y dora por 5 minutos más.
3. Agregue el resto de los ingredientes, mezcle, cocine a fuego lento durante 13 minutos más, divida en platos y sirva.

Nutrición: calorías 125, grasa 8, fibra 1.7, carbohidratos 5.5, proteína 9.3

Pollo con Mezcla de Cebolla Roja

Tiempo de preparación: 10 minutos.
Tiempo de cocción: 25 minutos.
Porciones: 4

Ingredientes:
- 2 pechugas de pollo, sin piel, deshuesadas y cortadas en cubos
- 3 cebollas rojas, en rodajas
- 2 cucharadas de aceite de oliva
- 1 taza de caldo de verduras bajo en sodio
- Una pizca de pimienta negra
- 1 cucharada de cilantro picado
- 1 cucharada de cebollino picado

Direcciones:
1. Calentar una sartén con el aceite a fuego medio, agregar la cebolla y una pizca de pimienta negra, y sofreír durante 10 minutos revolviendo con frecuencia.
2. Agrega el pollo y cocina por 3 minutos más.
3. Agrega el resto de los ingredientes, lleva a fuego lento y cocina a fuego medio por 12 minutos más.
4. Divida la mezcla de pollo y cebolla entre platos y sirva.

Nutrición: calorías 364, grasa 17.5, fibra 2.1, carbohidratos 8.8, proteína 41.7

Arroz y Pavo Caliente

Tiempo de preparación: 10 minutos.
Tiempo de cocción: 42 minutos.
Porciones: 4

Ingredientes:
- 1 pechuga de pavo, sin piel, deshuesada y en cubos
- 1 taza de arroz blanco
- 2 tazas de caldo de verduras bajo en sodio
- 1 cucharadita de pimentón picante
- 2 chiles serranos pequeños, picados
- 2 dientes de ajo picados
- 2 cucharadas de aceite de oliva
- ½ pimiento morrón rojo picado
- Una pizca de pimienta negra

Direcciones:
1. Calienta una sartén con el aceite a fuego medio, agrega los chiles serranos y el ajo y sofríe por 2 minutos.
2. Agrega la carne y dórala por 5 minutos.
3. Agrega el arroz y los demás ingredientes, lleva a fuego lento y cocina a fuego medio durante 35 minutos.
4. Revuelva, divida entre platos y sirva.

Nutrición: calorías 271, grasa 7.7, fibra 1.7, carbohidratos 42, proteína 7.8

Pollo y puerro al limón

Tiempo de preparación: 10 minutos.
Tiempo de cocción: 40 minutos.
Porciones: 4

Ingredientes:
- 1 libra de pechuga de pollo, sin piel, deshuesada y en cubos
- Una pizca de pimienta negra
- 2 cucharadas de aceite de aguacate
- 1 cucharada de salsa de tomate, sin sal agregada
- 1 taza de caldo de verduras bajo en sodio
- 4 puerros, picados
- ½ taza de jugo de limón

Direcciones:
1. Calienta una sartén con el aceite a fuego medio, agrega los puerros, revuelve y sofríe por 10 minutos.
2. Agrega el pollo y los demás ingredientes, revuelve, cocina a fuego medio por 20 minutos más, divide en platos y sirve.

Nutrición: calorías 199, grasa 13,3, fibra 5, carbohidratos 7,6, proteína 17,4

Pavo con mezcla de col de Saboya

Tiempo de preparación: 10 minutos.
Tiempo de cocción: 35 minutos.
Porciones: 4

Ingredientes:
- 1 pechuga de pavo grande, sin piel, deshuesada y en cubos
- 1 taza de caldo de pollo bajo en sodio
- 1 cucharada de aceite de coco derretido
- 1 col de Saboya, rallada
- 1 cucharadita de chile en polvo
- 1 cucharadita de pimentón dulce
- 1 diente de ajo picado
- 1 cebolla amarilla picada
- Una pizca de sal y pimienta negra.

Direcciones:
1. Calentar una sartén con el aceite a fuego medio, agregar la carne y dorar por 5 minutos.
2. Agrega el ajo y la cebolla, revuelve y sofríe por 5 minutos más.
3. Agregue el repollo y los demás ingredientes, mezcle, cocine a fuego lento y cocine a fuego medio durante 25 minutos.
4. Divida todo entre platos y sirva.

Nutrición: calorías 299, grasa 14.5, fibra 5, carbohidratos 8.8, proteína 12.6

Pollo con Cebolletas de Pimentón

Tiempo de preparación: 10 minutos.
Tiempo de cocción: 30 minutos.
Porciones: 4

Ingredientes:
- 1 libra de pechuga de pollo, sin piel, deshuesada y en rodajas
- 4 cebolletas picadas
- 1 cucharada de aceite de oliva
- 1 cucharada de pimentón dulce
- 1 taza de caldo de pollo bajo en sodio
- 1 cucharada de jengibre rallado
- 1 cucharadita de orégano seco
- 1 cucharadita de comino, molido
- 1 cucharadita de pimienta de Jamaica, molida
- ½ taza de cilantro picado
- Una pizca de pimienta negra

Direcciones:
1. Calentar una sartén con el aceite a fuego medio, agregar las cebolletas y la carne y dorar por 5 minutos.
2. Agrega el resto de los ingredientes, revuelve, introduce en el horno y hornea a 390 grados F por 25 minutos.
3. Divida la mezcla de pollo y cebolletas entre platos y sirva.

Nutrición: calorías 295, grasa 12.5, fibra 6.9, carbohidratos 22.4, proteína 15.6

Salsa de Pollo y Mostaza

Tiempo de preparación: 10 minutos.
Tiempo de cocción: 35 minutos.
Porciones: 4

Ingredientes:
- 1 libra de muslos de pollo, deshuesados y sin piel
- 1 cucharada de aceite de aguacate
- 2 cucharadas de mostaza
- 1 chalota picada
- 1 taza de caldo de pollo bajo en sodio
- Una pizca de sal y pimienta negra.
- 3 dientes de ajo picados
- ½ cucharadita de albahaca seca

Direcciones:
1. Calentar una sartén con el aceite a fuego medio, agregar la chalota, el ajo y el pollo y dorar todo por 5 minutos.
2. Agregue la mostaza y el resto de los ingredientes, mezcle suavemente, lleve a fuego lento y cocine a fuego medio durante 30 minutos.
3. Divida todo entre platos y sirva caliente.

Nutrición: calorías 299, grasa 15.5, fibra 6.6, carbohidratos 30.3, proteína 12.5

Mezcla de pollo y apio

Tiempo de preparación: 10 minutos.
Tiempo de cocción: 35 minutos.
Porciones: 4

Ingredientes:
- Una pizca de pimienta negra
- 2 libras de pechuga de pollo, sin piel, deshuesada y en cubos
- 2 cucharadas de aceite de oliva
- 1 taza de apio picado
- 3 dientes de ajo picados
- 1 chile poblano, picado
- 1 taza de caldo de verduras bajo en sodio
- 1 cucharadita de chile en polvo
- 2 cucharadas de cebolletas picadas

Direcciones:
1. Calienta una sartén con el aceite a fuego medio, agrega el ajo, el apio y el chile poblano, revuelve y cocina por 5 minutos.
2. Agregue la carne, mezcle y cocine por otros 5 minutos.
3. Agrega el resto de los ingredientes excepto el cebollino, lleva a fuego lento y cocina a fuego medio por 25 minutos más.
4. Repartir toda la mezcla en platos y servir con el cebollino espolvoreado por encima.

Nutrición: calorías 305, grasa 18, fibra 13.4, carbohidratos 22.5, proteína 6

Pavo al Limón con Patatas Baby

Tiempo de preparación: 10 minutos.
Tiempo de cocción: 40 minutos.
Porciones: 4

Ingredientes:
- 1 pechuga de pavo, sin piel, deshuesada y en rodajas
- 2 cucharadas de aceite de oliva
- 1 libra de papas pequeñas, peladas y cortadas por la mitad
- 1 cucharada de pimentón dulce
- 1 cebolla amarilla picada
- 1 cucharadita de chile en polvo
- 1 cucharadita de romero seco
- 2 tazas de caldo de pollo bajo en sodio
- Una pizca de pimienta negra
- Ralladura de 1 lima rallada
- 1 cucharada de jugo de lima
- 1 cucharada de cilantro picado

Direcciones:
1. Calienta una sartén con el aceite a fuego medio, agrega la cebolla, el chile en polvo y el romero, revuelve y sofríe por 5 minutos.
2. Agrega la carne y dora por 5 minutos más.
3. Agrega las papas y el resto de los ingredientes excepto el cilantro, revuelve suavemente, lleva a fuego lento y cocina a fuego medio por 30 minutos.
4. Repartir la mezcla en platos y servir con el cilantro espolvoreado por encima.

Nutrición: calorías 345, grasa 22.2, fibra 12.3, carbohidratos 34.5, proteína 16.4

Pollo con Mostaza

Tiempo de preparación: 10 minutos.
Tiempo de cocción: 25 minutos.
Porciones: 4

Ingredientes:
- 2 pechugas de pollo, sin piel, deshuesadas y en cubos
- 3 tazas de hojas de mostaza
- 1 taza de tomates enlatados, sin sal agregada, picados
- 1 cebolla morada picada
- 2 cucharadas de aceite de aguacate
- 1 cucharadita de orégano seco
- 2 dientes de ajo picados
- 1 cucharada de cebollino picado
- 1 cucharada de vinagre balsámico
- Una pizca de pimienta negra

Direcciones:
1. Calentar una sartén con el aceite a fuego medio-alto, agregar la cebolla y el ajo y sofreír por 5 minutos.
2. Agrega la carne y dórala por 5 minutos más.
3. Agregue las verduras, los tomates y los demás ingredientes, mezcle, cocine por 20 minutos a fuego medio, divida en platos y sirva.

Nutrición: calorías 290, grasa 12.3, fibra 6.7, carbohidratos 22.30, proteína 14.3

Pollo al Horno y Manzanas

Tiempo de preparación: 10 minutos.
Tiempo de cocción: 50 minutos.
Porciones: 4

Ingredientes:
- 2 libras de muslos de pollo, deshuesados y sin piel
- 2 cucharadas de aceite de oliva
- 2 cebollas rojas, en rodajas
- Una pizca de pimienta negra
- 1 cucharadita de tomillo seco
- 1 cucharadita de albahaca seca
- 1 taza de manzanas verdes, sin corazón y cortadas en cubos
- 2 dientes de ajo picados
- 2 tazas de caldo de pollo bajo en sodio
- 1 cucharada de jugo de limón
- 1 taza de tomates en cubos
- 1 cucharada de cilantro picado

Direcciones:
1. Calienta una sartén con el aceite a fuego medio-alto, agrega la cebolla y el ajo, y sofríe por 5 minutos.
2. Agrega el pollo y dora por otros 5 minutos.
3. Agrega el tomillo, la albahaca y los demás ingredientes, revuelve suavemente, introduce en el horno y hornea a 390 grados F durante 40 minutos.
4. Divida la mezcla de pollo y manzanas entre platos y sirva.

Nutrición: calorías 290, grasa 12.3, fibra 4, carbohidratos 15.7, proteína 10

Pollo al Chipotle

Tiempo de preparación: 10 minutos.
Tiempo de cocción: 1 hora.
Porciones: 6

Ingredientes:

- 2 libras de muslos de pollo, deshuesados y sin piel
- 1 cebolla amarilla picada
- 2 cucharadas de aceite de oliva
- 3 dientes de ajo picados
- 1 cucharada de semillas de cilantro molidas
- 1 cucharadita de comino, molido
- 1 taza de caldo de pollo bajo en sodio
- 4 cucharadas de pasta de chile chipotle
- Una pizca de pimienta negra
- 1 cucharada de cilantro picado

Direcciones:
1. Calentar una sartén con el aceite a fuego medio, agregar la cebolla y el ajo y sofreír por 5 minutos.
2. Agrega la carne y dora por 5 minutos más.
3. Agrega el resto de los ingredientes, revuelve, introduce todo en el horno y hornea a 390 grados F por 50 minutos.
4. Divida toda la mezcla entre platos y sirva.

Nutrición: calorías 280, grasa 12.1, fibra 6.3, carbohidratos 15.7, proteína 12

Pavo con hierbas

Tiempo de preparación: 10 minutos.
Tiempo de cocción: 35 minutos.
Porciones: 4

Ingredientes:
- 1 pechuga de pavo grande, deshuesada, sin piel y en rodajas
- 1 cucharada de cebollino picado
- 1 cucharada de orégano picado
- 1 cucharada de albahaca picada
- 1 cucharada de cilantro picado
- 2 chalotas picadas
- 2 cucharadas de aceite de oliva
- 1 taza de caldo de pollo bajo en sodio
- 1 taza de tomates en cubos
- Sal y pimienta negra al gusto

Direcciones:
1. Calentar una sartén con el aceite a fuego medio, agregar las chalotas y la carne y dorar por 5 minutos.
2. Agregue las cebolletas y los demás ingredientes, mezcle, cocine a fuego lento y cocine a fuego medio durante 30 minutos.
3. Divida la mezcla entre platos y sirva.

Nutrición: calorías 290, grasa 11.9, fibra 5.5, carbohidratos 16.2, proteína 9

Salsa de pollo y jengibre

Tiempo de preparación: 10 minutos.
Tiempo de cocción: 35 minutos.
Porciones: 4

Ingredientes:
- 1 libra de pechuga de pollo, sin piel, deshuesada y en cubos
- 1 cucharada de jengibre rallado
- 1 cucharada de aceite de oliva
- 2 chalotas picadas
- 1 cucharada de vinagre balsámico
- Una pizca de pimienta negra
- ¾ taza de caldo de pollo bajo en sodio
- 1 cucharada de albahaca picada

Direcciones:
1. Calentar una sartén con el aceite a fuego medio, agregar las chalotas y el jengibre, remover y sofreír por 5 minutos.
2. Agregue el resto de los ingredientes excepto el pollo, mezcle, hierva a fuego lento y cocine por 5 minutos más.
3. Agregue el pollo, mezcle, cocine a fuego lento toda la mezcla durante 25 minutos, divida en platos y sirva.

Nutrición: calorías 294, grasa 15.5, fibra 3, carbohidratos 15.4, proteína 13.1

Pollo y Maíz

Tiempo de preparación: 10 minutos.
Tiempo de cocción: 35 minutos.
Porciones: 4

Ingredientes:
- 2 libras de pechuga de pollo, sin piel, deshuesada y cortada por la mitad
- 2 tazas de maíz
- 2 cucharadas de aceite de aguacate
- Una pizca de pimienta negra
- 1 cucharadita de pimentón ahumado
- 1 manojo de cebolletas picadas
- 1 taza de caldo de pollo bajo en sodio

Direcciones:
1. Calentar una sartén con el aceite a fuego medio-alto, agregar las cebolletas, remover y sofreír por 5 minutos.
2. Agrega el pollo y dóralo por 5 minutos más.
3. Agregue el maíz y los demás ingredientes, mezcle, introduzca la sartén en el horno y cocine a 390 grados F durante 25 minutos.
4. Divida la mezcla entre platos y sirva.

Nutrición: calorías 270, grasa 12.4, fibra 5.2, carbohidratos 12, proteína 9

Pavo al curry y quinua

Tiempo de preparación: 10 minutos.
Tiempo de cocción: 40 minutos.
Porciones: 4

Ingredientes:
- 1 libra de pechuga de pavo, sin piel, deshuesada y en cubos
- 1 cucharada de aceite de oliva
- 1 taza de quinua
- 2 tazas de caldo de pollo bajo en sodio
- 1 cucharada de jugo de lima
- 1 cucharada de perejil picado
- Una pizca de pimienta negra
- 1 cucharada de pasta de curry rojo

Direcciones:
1. Calentar una sartén con el aceite a fuego medio-alto, agregar la carne y dorarla por 5 minutos.
2. Agrega la quinua y el resto de los ingredientes, revuelve, lleva a fuego lento y cocina a fuego medio por 35 minutos.
3. Divida todo entre platos y sirva.

Nutrición: calorías 310, grasa 8.5, fibra 11, carbohidratos 30.4, proteína 16.3

Chirivías de pavo y comino

Tiempo de preparación: 10 minutos.
Tiempo de cocción: 40 minutos.
Porciones: 4

Ingredientes:
- 1 libra de pechuga de pavo, sin piel, deshuesada y en cubos
- 2 chirivías, peladas y cortadas en cubos
- 2 cucharaditas de comino molido
- 1 cucharada de perejil picado
- 2 cucharadas de aceite de aguacate
- 2 chalotas picadas
- 1 taza de caldo de pollo bajo en sodio
- 4 dientes de ajo picados
- Una pizca de pimienta negra

Direcciones:
1. Calienta una sartén con el aceite a fuego medio, agrega las chalotas y el ajo y sofríe por 5 minutos.
2. Agrega el pavo, revuelve y cocina por 5 minutos más.
3. Agregue las chirivías y los demás ingredientes, mezcle, cocine a fuego medio durante 30 minutos más, divida en platos y sirva.

Nutrición: calorías 284, grasa 18.2, fibra 4, carbohidratos 16.7, proteína 12.3

Garbanzos de pavo y cilantro

Tiempo de preparación: 10 minutos.
Tiempo de cocción: 40 minutos.
Porciones: 4

Ingredientes:
- 1 taza de garbanzos enlatados, sin sal agregada, escurridos
- 1 taza de caldo de pollo bajo en sodio
- 1 libra de pechuga de pavo, sin piel, deshuesada y en cubos
- Una pizca de pimienta negra
- 1 cucharadita de orégano seco
- 1 cucharadita de nuez moscada molida
- 2 cucharadas de aceite de oliva
- 1 cebolla amarilla picada
- 1 pimiento verde picado
- 1 taza de cilantro picado

Direcciones:
1. Calentar una sartén con el aceite a fuego medio, agregar la cebolla, el pimiento morrón y la carne y cocinar durante 10 minutos revolviendo con frecuencia.
2. Agregue el resto de los ingredientes, mezcle, cocine a fuego lento y cocine a fuego medio durante 30 minutos.
3. Divida la mezcla entre platos y sirva.

Nutrición: calorías 304, grasa 11.2, fibra 4.5, carbohidratos 22.2, proteína 17

Lentejas De Pavo Y Curry

Tiempo de preparación: 10 minutos.
Tiempo de cocción: 40 minutos.
Porciones: 4

Ingredientes:
- 2 libras de pechuga de pavo, sin piel, deshuesada y en cubos
- 1 taza de lentejas enlatadas, sin sal agregada, escurridas y enjuagadas
- 1 cucharada de pasta de curry verde
- 1 cucharadita de garam masala
- 2 cucharadas de aceite de oliva
- 1 cebolla amarilla picada
- 1 diente de ajo picado
- Una pizca de pimienta negra
- 1 cucharada de cilantro picado

Direcciones:
1. Calentar una sartén con el aceite a fuego medio, agregar la cebolla, el ajo y la carne y dorar durante 5 minutos revolviendo con frecuencia.
2. Agrega las lentejas y los demás ingredientes, lleva a fuego lento y cocina a fuego medio durante 35 minutos.
3. Divida la mezcla entre platos y sirva.

Nutrición: calorías 489, grasa 12.1, fibra 16.4, carbohidratos 42.4, proteína 51.5

Pavo con Frijoles y Aceitunas

Tiempo de preparación: 10 minutos.
Tiempo de cocción: 35 minutos.
Porciones: 4

Ingredientes:
- 1 taza de frijoles negros, sin sal agregada y escurridos
- 1 taza de aceitunas verdes, sin hueso y cortadas por la mitad
- 1 libra de pechuga de pavo, sin piel, deshuesada y en rodajas
- 1 cucharada de cilantro picado
- 1 taza de salsa de tomate, sin sal agregada
- 1 cucharada de aceite de oliva

Direcciones:
1. Engrase una fuente para hornear con el aceite, acomode las rodajas de pavo adentro, agregue los otros ingredientes también, introduzca en el horno y hornee a 380 grados F por 35 minutos.
2. Dividir en platos y servir.

Nutrición: calorías 331, grasa 6.4, fibra 9, carbohidratos 38.5, proteína 30.7

Quinoa con Pollo y Tomate

Tiempo de preparación: 10 minutos.
Tiempo de cocción: 35 minutos.
Porciones: 8

Ingredientes:
- 1 cucharada de aceite de oliva
- 2 libras de pechugas de pollo, sin piel, deshuesadas y cortadas por la mitad
- 1 cucharadita de romero, molido
- Una pizca de sal y pimienta negra.
- 2 chalotas picadas
- 1 cucharada de aceite de oliva
- 3 cucharadas de salsa de tomate baja en sodio
- 2 tazas de quinua, ya cocida

Direcciones:
1. Calentar una sartén con el aceite a fuego medio-alto, agregar la carne y las chalotas y dorar 2 minutos por cada lado.
2. Agregue el romero y los demás ingredientes, mezcle, introduzca en el horno y cocine a 370 grados F durante 30 minutos.
3. Divida la mezcla entre platos y sirva.

Nutrición: calorías 406, grasa 14.5, fibra 3.1, carbohidratos 28.1, proteína 39

Alitas De Pollo Con Pimienta De Jamaica

Tiempo de preparación: 10 minutos.
Tiempo de cocción: 20 minutos.
Porciones: 4

Ingredientes:
- 2 libras de alitas de pollo
- 2 cucharaditas de pimienta de Jamaica, molida
- 2 cucharadas de aceite de aguacate
- 5 dientes de ajo picados
- Pimienta negra al gusto
- 2 cucharadas de cebolletas picadas

Direcciones:
1. En un bol, combine las alitas de pollo con la pimienta de Jamaica y los demás ingredientes y mezcle bien.
2. Coloque las alitas de pollo en una fuente para hornear y hornee a 400 grados F durante 20 minutos.
3. Divida las alitas de pollo entre platos y sirva.

Nutrición: calorías 449, grasa 17,8, fibra 0,6, carbohidratos 2,4, proteína 66,1

Pollo y guisantes

Tiempo de preparación: 10 minutos.
Tiempo de cocción: 30 minutos.
Porciones: 4

Ingredientes:
- 2 libras de pechugas de pollo, sin piel, deshuesadas y en cubos
- 2 tazas de guisantes
- 2 cucharadas de aceite de oliva
- 1 cebolla morada picada
- 1 taza de salsa de tomate enlatada, sin sal agregada
- 2 cucharadas de perejil picado
- Una pizca de pimienta negra

Direcciones:
1. Calentar una sartén con el aceite a fuego medio, agregar la cebolla y la carne y dorar por 5 minutos.
2. Agrega los guisantes y el resto de los ingredientes, lleva a fuego lento y cocina a fuego medio durante 25 minutos.
3. Divida la mezcla entre platos y sirva.

Nutrición: calorías 551, grasa 24.2, fibra 3.8, carbohidratos 11.7, proteína 69.4

Galletas de plátano

Tiempo de preparación: 10 minutos.
Tiempo de cocción: 15 minutos.
Porciones: 12

Ingredientes:
- 1 taza de mantequilla de almendras
- ¼ de taza de stevia
- 1 cucharadita de extracto de vainilla
- 2 plátanos, pelados y machacados
- 2 tazas de avena sin gluten
- 1 cucharadita de canela en polvo
- 1 taza de almendras picadas
- ½ taza de pasas

Direcciones:
1. En un bol, combine la mantequilla con la stevia y los demás ingredientes y revuelva bien con una batidora de mano.
2. Coloque moldes medianos de esta mezcla en una bandeja para hornear forrada con papel pergamino y aplánelos un poco.
3. Cocínelos a 325 grados F durante 15 minutos y sírvalos para el desayuno.

Nutrición: calorías 280, grasa 16, fibra 4, carbohidratos 29, proteína 8

Avena de manzana

Tiempo de preparación: 10 minutos.
Tiempo de cocción: 7 horas.
Porciones: 4

Ingredientes:
- 2 manzanas, sin corazón, peladas y en cubos
- 1 taza de avena sin gluten
- 1 taza y media de agua
- 1 y ½ tazas de leche de almendras
- 2 cucharadas de viraje
- 2 cucharadas de mantequilla de almendras
- ½ cucharadita de canela en polvo
- 1 cucharada de semillas de lino, molidas
- Spray para cocinar

Direcciones:
1. Engrase una olla de cocción lenta con el aceite en aerosol y combine la avena con el agua y los demás ingredientes del interior.
2. Mezcle un poco y cocine a fuego lento durante 7 horas.
3. Dividir en tazones y servir para el desayuno.

Nutrición: calorías 149, grasa 3.6, fibra 3.9, carbohidratos 27.3, proteína 4.9

Muffins de arándanos

Tiempo de preparación: 10 minutos.
Tiempo de cocción: 25 minutos.
Porciones: 12

Ingredientes:
- 2 plátanos, pelados y machacados
- 1 taza de leche de almendras
- 1 cucharadita de extracto de vainilla
- ¼ de taza de jarabe de arce puro
- 1 cucharadita de vinagre de sidra de manzana
- ¼ taza de aceite de coco derretido
- 2 tazas de harina de almendras
- 4 cucharadas de azúcar de coco
- 2 cucharaditas de canela en polvo
- 2 cucharaditas de polvo de hornear
- 2 tazas de arándanos
- ½ cucharadita de bicarbonato de sodio
- ½ taza de nueces picadas

Direcciones:
1. En un bol, combine los plátanos con la leche de almendras, la vainilla y los demás ingredientes y bata bien.
2. Divida la mezcla en 12 moldes para muffins y hornee a 350 grados F durante 25 minutos.
3. Sirve los muffins para el desayuno.

Nutrición: calorías 180, grasa 5, fibra 2, carbohidratos 31, proteína 4

Crepes de coco

Tiempo de preparación: 10 minutos.
Tiempo de cocción: 6 minutos.
Porciones: 12

Ingredientes:
- 1 taza de harina de almendras
- 1 cucharada de linaza molida
- 2 tazas de leche de coco
- 2 cucharadas de aceite de coco derretido
- 1 cucharadita de canela en polvo
- 2 cucharaditas de stevia

Direcciones:
1. En un bol, combina la harina con la linaza, la leche, la mitad del aceite, la canela y la stevia y bate bien.
2. Calentar una sartén con el resto del aceite a fuego medio, agregar ¼ de taza de rebozado de crepas, esparcir en la sartén, cocinar 2-3 minutos por cada lado y transferir a un plato.
3. Repite con el resto de la masa de crepes y sírvelas en el desayuno.

Nutrición: calorías 71, grasa 3, fibra 1, carbohidratos 8, proteína 1

www.ingramcontent.com/pod-product-compliance
Lightning Source LLC
Chambersburg PA
CBHW071819080526
44589CB00012B/845